KB090732

영화가 나를

위로하는 시간

영화인문학 강사 윤지원과 함께하는

# 영화가 나를 위로하는 시간

윤지원 지음

BM (주)도서출판 성안당

# 프롤로그

영화가 어떻게 나를 위로할 수 있을까요? 사실 영화는 우리를 직접 위로해줄 수는 없습니다. 영화는 우리의 말을 들을 수 없고 저마다 처한 상황도 다 다르니까요. 그래서 우리는 영화에서 위로받을 포인트를 잡아서 스스로 위로하기를 선택합니다. 타인으로부터의 위로를 거부해본 적이 있다면 어떤 의미인지 아실 거예요. 스스로 받아들이지 않으면 그 무엇도 나에게 위로가 될 수 없습니다. 다만 위로가 필요한 시기에는 내가 많이 약해져 있기 때문에 영화에서 위로의 포인트를 잡아낼 여력조차 없을 수 있습니다. 그래서 저는 이 책에 위로가 필요한 사람들에게 도움이 될 수 있도록 영화와 삶을 연결하는 다정한 조력자의 마음을 담았습니다.

살면서 힘들고 마음이 무너질 때를 돌이켜보면 '내가 누구인지, 무엇을 해야 할지, 어떻게 살아야 할지 모르겠다'는 생각이 들어서 막막하고 두렵습니다. 결국은 '모른다'라는 생각 때문에 힘들다고 느낍니다. 하지만 저는 모르는 게 아니라 '아직 발견하지 못한 것'이라고 생각해요. 우리의 마음과 생각의 수많은 방 어디엔가 있는 그것을 찾을 힘이 없었거나 아직 때가 아니었을 수도 있고요. 우리 마음에는 스스로를 지키고자 하는 선한 의도가 늘 발동되고 있다고 생각합니다.

이 책의 본문에서는 주로 영화 속 인물의 마음과 변화에 초점을 맞추며, 그 인물들이 어떻게 우리에게 다가오고 어떤 생각거리를 주는지 담았습니다. '나는 이 상황에서 어떻게 행동할 수 있을까?'를 생각하며 인물의 상황을 자신에게 대입하는 과정을 통해 나만의 답을 찾아나갈 수 있습니다. 각 장의 마지막 부분에 있는 '영화에서 건져 올린 질문들'에 답하며 자신에 대해 하나씩 알아가다 보면 막막함에서 오는 두려움을 이겨낼 힘이 생깁니다. 그리고 우리 마음을 힘들게 하는 두려움과 무서움 등의 부정적인 감정들은 사실 우리가 무엇을 지키고 싶은지, 무엇을 원하는지 알려주는 장치이기도 합니다.

우리는 삶에서 있을 법하지 않은 것을 볼 때, 혹은 내 인생과 동떨어져 있다고 느낄 때 '영화 같다'고 표현합니다. 하지만 세상에는 영화보다 더 영화 같은 현실이 있고, 현실보다 더 현실 같은 영화가 있습니다. 우리 삶과 영화는 연결될 수 있는 지점이 많습니다. 하지만 흘러간 영화 장면을 붙잡는 건 쉽지 않습니다. 저는 삶과 영화를 연결하고 싶습니다. 코치의 마음으로요. 그래서 이 책에 영화 속 장면 중 우리에게 말을 건네는 듯한, 혹은 질문하는 듯한 메시지를 잡아서 우리가 어떻게 반응하면 좋을지를 풀었습니다.

*인간은 '나선' 그 자체인지도 몰라.*
*같은 장소를 빙글빙글 돌지만*
*나선은 조금씩 커지게 될 거야.*

위의 문구는 영화 〈리틀 포레스트: 겨울과 봄〉에 나오는 엄마의 편지 중 일부입니다. 당장 눈에 보이는 결과로 나타나지 않아도 우리의 성장은 진행 중입니다. 어떤 경험을 하더라도 성찰의 끈을 놓지 않는다면 우리는 늘 성장합니다. 우리의 발자취가 당장 의미 있는 형태로 보이지 않아도 살아오며 찍은 경험의 점들은 언젠가 연결되어 큰 그림으로 드러납니다. 그

날이 오기 전까지 지치지 않았으면 좋겠습니다. 이런 마음으로 영화 속 등장인물의 경험과 대사 속에서 응원과 위로의 메시지를 발견해서 전하고 싶었습니다. 영화를 보는 시간이 소비로 끝나지 않고 삶에 남아서 양분이 되고 위로가 되기를 바랍니다.

### 이 책을 어떻게 활용하면 좋을까요?

처음에는 영화에 집중합니다. 영화 속 등장인물의 마음을 헤아려봅니다. 이 장면에서 주인공은 왜 이런 선택을 했을까? 어떤 마음이었을까? 영화 속으로 깊이 들어가서 충분히 이해하고 느끼고 상상해본 다음 나에게로 그 질문을 다시 가져옵니다. 나라면 어떨까? 어떤 기분이 들까? 이런 기분은 나에게 어떤 메시지를 전하고 있나?

우리는 모두 다른 인생을 살기에 자신이 살아온 경험이 쌓여 고유의 패러다임을 형성합니다. 그 패러다임을 통해 세상을 바라봅니다. 그래서 같은 장면을 보더라도 각자 다르게 해석합니다. 자신이 어떤 인생 패러다임을 가지고 있는지 알게 되면 어떤 상황에서 왜 이런 반응을 하게 되는지 이해하게 됩니다. 자신이 세상을 보는 방식을 인식하면 스스로를 더 이해할 수 있습니다.

각 장의 첫 페이지에는 줄거리와 영화 소개, 이 영화를 선택한 이유를 담았습니다. 이 부분을 통해 해당 영화를 어떻게 다룰 것인지 그 방향을 알 수 있습니다. 본문에는 눈여겨봐야 할 장면들을 다뤘습니다. 각 장면과 그 안에 담긴 의미를 통해 영화와 우리의 삶이 어떻게 연결되는지를 발견할 수 있습니다. 영화가 전하는 메시지에는 감독의 입장에서 이 영화를 세상에 내보내며 전하고자 했을 의미를 담았습니다.

마지막 부분에는 질문이 있습니다. 영화에서 건져 올린 질문입니다. 이 영화에서 꼭 만났으면 하는 질문을 담았습니다. 영화라는 자극을 앞에 두고 능동적 주체로 있을 수 있는 방법 중 하나입니다. 영화를 가볍게 소비할 수도 있겠지만 꼭꼭 씹어서 자신에게 유익한 영양분으로 흡수하면 더좋겠지요. 본문에서 설명하는 영화 내용을 읽고 질문에 답하며 자신을 발견합니다. 본문을 읽기 전 질문에 대한 답을 먼저 적어보고 영화를 실제로본 후 해당 글을 읽는 방법도 좋습니다. 영화를 보기 전의 대답과 영화를본 후의 대답이 같은지 다른지, 다르다면 어떻게 다른지, 그 차이가 나에대해 어떤 단서를 제공하는지 등을 알 수 있습니다. 누군가와 좀 더 깊은대화를 하고 싶다면 영화를 함께 보고 나서 질문에 서로 답하는 시간을 가질 수도 있습니다.

질문은 방향과 에너지를 포함합니다. 그래서 좋은 질문은 질문 자체

로 힘이 있습니다. 질문하는 사람의 이슈와 가치관이 드러납니다. 질문하는 것만으로도 문제가 해결되기도 합니다. 영화를 본 후 자신만의 질문을 만들어보세요. 질문을 만들 때 도움이 될 수 있도록 '부록: 영화를 풍성하게 보는 카드'를 준비했습니다. 영화 제목과 인상적인 장면의 대사를 적은후, 그 대사의 핵심 단어를 중심으로 질문을 만들어보세요.

영화를 통해 우리는 '나는 누구인가?'에 대한 답을 찾을 수 있습니다. 정확하게는 나는 누구인가에 대한 생각의 조각들을 찾을 수 있습니다. 감독의 의도가 담긴 영화의 장면들이 나는 어떻게 해석되는지, 나와 어떤 화학반응을 일으키는지 살펴보면서 나를 이루는 조각을 발견합니다. 나는 이 장면을 어떻게 보았나? 어떤 감정과 생각이 떠오르나? 그런 나는 어떤 사람인가? 이런 질문에 답하면서요.

여러분이 영화에서 건져 올린 질문들로 자신의 조각들을 발견해나갈 수 있기를 응원합니다.

윤지원

# 목  차

**프롤로그**  +  004


**CHAPTER 1.**
## 모아나  진짜 자존감, 나답게 살기  +  015

우리를 지켜주지만 한계가 되기도 하는 암초 / 인생 선배로서의 부모 /
나를 나답게 하는 것, 진짜 자존감 / 영화가 전하는 메시지 / 자신이 누구인지 아는 것
**영화 〈모아나〉에서 건져 올린 질문들**  +  026


**CHAPTER 2.**
## 미드나잇 인 파리  지금, 여기에 온전히 머무르기  +  027

알고 보면 더 좋은 영화 속 예술가들 / 무의식이 말하는 것 / 현실이 슬픈 이유 /
황금시대라는 허상 / 영화가 전하는 메시지 / 지금 여기에서 제대로 사랑하자
**영화 〈미드나잇 인 파리〉에서 건져 올린 질문들**  +  042


**CHAPTER 3.**
## 마녀 배달부 키키  독립이 알려준 인생의 의미  +  043

독립, 나로 살기 위한 필수 조건 / 누구에게나 찾아오는 슬럼프 /
독립은 또 다른 관계의 확장 / 세상에 남기고 싶은 나만의 그림 /
영화가 전하는 메시지 / 인생의 중요한 질문들
**영화 〈마녀 배달부 키키〉에서 건져 올린 질문들**  +  054

**CHAPTER 4.**
**월터의 상상은 현실이 된다**
**상상, 다른 방식으로 존재하는 현실** + 055

'특별함'의 진짜 의미 / 세상을 바라보라, 장애물을 넘고 벽을 허물라 /
순간에 머무르다 / 상상은 이미 존재하고 있는 현실이다 / 영화가 전하는 메시지 / 시간과 삶
**영화 〈월터의 상상은 현실이 된다〉에서 건져 올린 질문들** + 068


**CHAPTER 5.**
**마담 프루스트의 비밀정원**
**Vis ta vie, 너의 인생을 살아라** + 069

멈춰 있는 시간 / 타인의 삶에 개입한다는 것 / 일그러진 사랑 /
집착하는 것 / 회복 / 영화가 전하는 메시지 / 좋은 추억을 음악으로 저장하자
**영화 〈마담 프루스트의 비밀정원〉에서 건져 올린 질문들** + 086


**CHAPTER 6.**
**센과 치히로의 행방불명   이름의 진정한 의미** + 087

이름의 진짜 의미, 본질 / 진짜 소중한 것을 아는 지혜 / 존재를 회복하다 /
'안다'는 것의 의미 / 영화가 전하는 메시지 / 삶에서 가장 참된 것
**영화 〈센과 치히로의 행방불명〉에서 건져 올린 질문들** + 100


**CHAPTER 7.**
**블라인드 사이드   꽃을 좋아하는 황소 페르디난드** + 101

기적이 시작되는 곳 / 꽃을 좋아하는 황소 페르디난드 / 의지와 선택 /
용기 내지 않은 대가 / 변환자로의 삶 / 영화가 전하는 메시지 / 나는 누구인가
**영화 〈블라인드 사이드〉에서 건져 올린 질문들** + 116

**CHAPTER 8.**
## 하울의 움직이는 성   저주를 푸는 열쇠는 무엇인가   +   117

미래는 스스로 정해야 해 / 마음속 등대가 향하는 곳 / 나 아닌 누군가를 위한 마음 /
자유를 위한 책임 / 진짜 자유로움은 본질을 회복하는 것 /
영화가 전하는 메시지 / 저주를 푸는 열쇠, 용기와 의지
**영화 〈하울의 움직이는 성〉에서 건져 올린 질문들   +   130**


**CHAPTER 9.**
## 미라클 벨리에   세상에서 가장 아름다운 날갯짓   +   131

따로 또 같이, 가족의 의미 / 장애가 아니라 정체성으로서의 청각 장애 /
나의 꿈, 나의 목소리 / 역할에 눌리지 않은 온전한 내 인생 / 영화가 전하는 메시지 /
세상에서 가장 아름다운 날갯짓
**영화 〈미라클 벨리에〉에서 건져 올린 질문들   +   144**


**CHAPTER 10.**
## 리틀 포레스트   인생의 계절을 대하는 지혜   +   145

열매는 나무에서 떨어져야 자신의 삶을 시작한다 / 하우스를 짓지 않는 마음 /
제대로 보는 게 먼저다 / 인간은 나선 그 자체인지도 모른다 / 영화가 전하는 메시지 /
누구의 가족이 아닌, 나를 발견하기
**영화 〈리틀 포레스트〉에서 건져 올린 질문들   +   156**


**CHAPTER 11.**
## 나미야 잡화점의 비밀   인생 도화지에 그리는 그림   +   157

질문을 대하는 자세 / 질문의 본질 / 영화 속 장치, 시간 / 타인을 향한 시선, 나를 반영하다 /
용기와 실존 / 영화가 전하는 메시지 / 우리 인생은 기적이다
**영화 〈나미야 잡화점의 비밀〉에서 건져 올린 질문들   +   174**

**CHAPTER 12.**
**안나 카레니나  어떻게 살 것인가**  +  175

유혹을 피하려면 / 외로움을 채우려면 / 선택에는 책임이 따른다 / 심판자는 누구인가 /
영화가 전하는 메시지 / 생을 어떻게 감당할 것인가

**영화 〈안나 카레니나〉에서 건져 올린 질문들**  +  188


**CHAPTER 13.**
**코코  무엇을 기억할 것인가**  +  189

가족의 규칙과 개인의 꿈 사이 / 메멘토 모리 / 두 번째 죽음의 의미 /
영화가 전하는 메시지 / 유한한 시간

**영화 〈코코〉에서 건져 올린 질문들**  +  200


**CHAPTER 14.**
**패치 아담스  가장 좋은 선택**  +  201

문제를 인식하는 것이 먼저다 / 중요한 것은 사람이다 /
무엇을 직면해야 하나 / 영화가 전하는 메시지 / 매 순간 선택하라

**영화 〈패치 아담스〉에서 건져 올린 질문들**  +  216


**CHAPTER 15.**
**인생은 아름다워  아름다운 인생은 무엇인가**  +  217

제대로 알고 있나 / 고귀한 인간성 / 변화를 원한다면 /
영화가 전하는 메시지 / 아름다운 인생

**영화 〈인생은 아름다워〉에서 건져 올린 질문들**  +  230

**CHAPTER 16.**
**업  나의 꿈, 나의 모험  +  231**

내가 하고 싶은 일들 / 누구를 위한 인생인가 / 떠나보내며 완성되다 / 생각할 것 세 가지
**영화 〈업〉에서 건져 올린 질문들  +  244**


**CHAPTER 17.**
**노트북  최고의 인생  +  245**

해야 하는 것 말고 '하고 싶어서 하는 것' / 자유를 향한 갈망 /
지극히 사랑한다는 의미 / 영화가 전하는 메시지 /
불꽃이 사그라진 자리의 작은 불씨도 때가 되면 다시 타오르리니
**영화 〈노트북〉에서 건져 올린 질문들  +  258**


**부록**
**영화를 풍성하게 보는 카드  +  259**

#나답게살기 #나는누구인가 #정체성

**CHAPTER 1.** 모아나

진짜 자존감,
나답게 살기

# 모아나

감독: 론 클레멘츠, 존 머스커
출연: 아우이 크라발호(모아나 목소리), 드웨인 존슨(마우이 목소리),
　　　레이첼 하우스(탈라 할머니 목소리)
개봉: 2017.01.12.
등급: 전체 관람가

**영화 줄거리**

모든 것이 완벽했던 모투누이섬이 저주에 걸렸다. 늘 필요한 만큼 물고기가 잡히던 바다와, 바구니 가득
코코넛을 안기던 나무가 마을 사람들에게 더 이상 아무것도 주지 않는다. 섬이 죽어가고 있다. 이유는 신
이 선택한 반인반신이자 전설 속의 마우이가 생명의 여신 테피티의 심장을 훔쳐 달아났기 때문이다. 결국
바다가 선택한 소녀 모아나는 죽어가는 섬을 되살리기 위해 머나먼 바다로 항해를 떠난다. 모투누이섬에
걸린 저주를 풀기 위해서는 마우이의 힘이 필요하다. 마우이는 테피티의 심장을 훔쳐 달아나던 중 공격을
받아 테피티의 심장도 그가 애지중지하는 갈고리도 잃고 외딴 섬에서 홀로 살고 있었다. 모아나는 우여곡
절 끝에 마우이를 설득해서 함께 테피티의 심장을 여신에게 돌려주기 위한 모험을 떠난다. 바다는 왜 모
아나를 선택했을까? 마우이는 왜 테피티의 심장을 훔쳐야 했을까?

**이 영화를 선택한 이유**

우리는 변화의 속도가 급격한 시대에 살고 있다. 어제는 이게 옳았는데 오늘은 저게 옳다고 한다. 우리는
물 위에 떠 있는 부표처럼 밀려오는 파도에 속수무책 흔들린다. 〈모아나〉는 '이런 세상에서 나를 잃지 않
고 온전히 나답게 살 수 있을까?'라는 고민을 안고 살아가는 우리에게 희망을 보여준다. 세상과 단절하지
않으면서도 나를 지키는 방법에 대해 생각하도록 질문해준다. 자존심이 아닌 진짜 자존감으로 나답게 사는
것이야말로, 빠른 급류를 타는 서퍼처럼 파도를 밟고 올라서서 즐길 수 있는 방법이 아닐까? 모아나와 마
우이의 모험을 통해 진짜 나답게 산다는 게 무엇인지, 손에 움켜쥐고 있는 것들이 과연 그럴 만한 가치가
있는지 함께 생각해보자.

## 우리를 지켜주지만 한계가 되기도 하는 암초

모아나의 아버지는 청년 시절에 암초를 넘다가 파도에 휩쓸려 친구를 잃었다. 그 후로 그는 암초를 넘을 생각은커녕 암초 가까이에도 가지 않게 됐다. 모투누이의 족장이 되어서도 마찬가지였다. 암초는 거친 파도로부터 모투누이섬을 지켜주는 역할을 한다. 그 덕분에 모투누이섬 주위의 해변은 늘 잠잠하다. 하지만 무슨 이유에서인지 모투누이의 바다 어디에서도 물고기가 잡히지 않게 되었다. 모아나는 아버지에게 암초 너머에 가보면 어떨지 제안하고, 그로 인해 아버지와 갈등이 생긴다. 소중한 친구를 잃고 트라우마가 생긴 아버지는 어린 시절부터 호시탐탐 바다로 마음이 향하는 모아나가 영 못마땅하다.

**"**

암초를 건너가 물고기를 잡는 건 어때요?

모아나

암초는 넘어가면 안 된다.
암초를 넘어가지 않는 규칙 덕분에 우리가 안전했던 거야.
바다는 위험천만한 곳이라고! 암초 너머는 안 돼!

아버지

**"**

　모투누이섬을 둘러싼 암초는 파도로부터 지켜주는 안전한 담벼락 역할을 한다. 그러나 한편으로는 모투누이섬의 사람들이 섬 밖으로 나가지 못하도록 가로막는다. 아버지의 말대로 안전한 모투누이섬 안에만 있는 것이 잘못은 아니다. 하지만 드넓은 바다로 자꾸만 마음이 향하는 모아나에게 암초는 안전장치보다는 창살에 더 가깝다. 배를 타고 나가면 바다에 물고기가 천지일 텐데, 모아나는 자꾸 규칙만 고수하는 아버지가 답답하다.

　우리 사회에는 지켜야 할 많은 규칙이 있다. 규칙들 덕분에 우리 사회가 안전해진다. 하지만 그로 인해 성장이 가로막히는 부분도 있다. 학교, 직장, 가족이, 때로는 낮은 기대 혹은 목표가 우리에게 암초가 된다. 우리를 보호하면서 한편으로는 성장을 막는 장애물이다. 영화 〈포레스트 검프〉에서 포레스트 검프의 다리 교정장치가 그렇고 〈하우스 바니〉에서는 조앤의 척추 보호대가 그렇다. 어떤 때는 안전망이 되고, 또 어떤 때는 장애물이 되기도 하는 '암초'의 역할을 하는 것이 나에게는 무엇이 있을까? 그리고 자꾸만 내 마음이 향하는 곳, 암초를 넘어서 가고 싶은 곳은 어디일까?

# 인생 선배로서의 부모

모아나에게는 부모님과 할머니가 있다. 이들은 서로 다른 시선으로 모아나를 바라본다. 모아나의 부모님, 특히 아버지는 의지가 강하고 고집이 세며, 필요하다면 다른 의견과 끝까지 대립하는 인물이다. 그와 대척점에 있는 사람이 모아나의 할머니이다. 할머니는 자유롭고 유연하다. 족장인 아들과 다른 의견을 가졌지만 크게 부딪히지 않는다. 대립하는 대상을 물처럼 자연스럽게 감싸안으며 자연스럽게 흐른다.

할머니는 모아나에게도 자신의 의견을 강요하지 않는다. 가장 원하는 선택을 할 수 있도록 모아나의 손에 키를 쥐여줄 뿐이다. 그리고 곁에서 모아나의 결정을 온전히 지지하고 어떤 선택도 비난하지 않는다.

> *부모님 말씀을 잘 듣는 것도 중요하지만,*
> *네 마음의 소리도 따라야 해.*
> *(모아나의 할머니)*

사실 모아나가 시도하려는 것은 모아나의 아버지가 젊은 시절에 이미 해봤던 것들이다. 그러니 모아나의 마음을 모를 리 없다. 모아나를 막는 것은 딸의 안전을 위해 아버지로서 할 수 있는 최선을 다하려는 그만의 방식이며 사랑 표현이다. 하지만 그가 간과하고 있는 것이 있다. '네가 하려는 것을 나도 해봤어'의 가장 큰 실수는, 그때의 나와 지금의 너를 동일하게 생각하는 것에 있다. 상황이 비슷할 순 있어도 그때와 지금은 완벽하게 같지 않다. 주체도 환경도 다르다.

위험한 바다에 나가려는 모아나를 위해 할머니가 선택한 방식은 아버지와 달랐다. 할머니는 원하는 곳을 향해 떠나는 손녀를 위해 필요한 것을 지원한다. 할머니는 선조들이 사용했던 배를 몰래 보관하고 있는 동굴로 모아나를 데려간다. 선조들이 항해자였음을 알게 된 모아나는 두근거리는 가슴을 안고 바다로 나간다.

자식은 부모에게 엄연한 타자이며, 부모와 자녀는 종속관계에 있지 않다. 자녀에게 부모는 인생의 선배이기도 하다. 선배로서 지혜를 전하며 앞으로 겪을 일들을 잘 대처하도록 돕는 것이 어쩌면 부모로서 자식에게 할 수 있는 최선이지 않을까. 부모가 자식을 위해 위험한 일을 막을 수 있는 시기는 어려서 몸을 제대로 가누지 못하는 때뿐이다. 그러니 지혜로운 부모라면 자녀의 모든 사고를 원천봉쇄하려고 고군분투할 게 아니라, 스스로의 방향을 찾아갈 수 있도록 나침반 보는 방법을 가르치고, 항해 중에 인생의 밤을 만났을 때 대처할 수 있는 지혜를 전해야 한다.

## 나를 나답게 하는 것, 진짜 자존감

할머니의 도움으로 배를 타고 섬을 떠난 모아나는 사건의 전말을 알게 된다. 반인반신 마우이가 테피티 여신의 심장을 훔쳤고, 그 때문에 바다에서 물고기가 잡히지 않게 되었던 것이다. 모아나와 마우이는 테피티에게 심장을 돌려주려 하지만 땅과 불의 악마인 테카의 공격을 받는다. 테카는 심장을 잃고 자신을 잃어버린 테피티 여신이다. 테카의 공격으로 마우이의 마법 갈고리에 금이 간다. 갈고리가 없으면 자신은 아무것도 아니라고 말하며 마우이는 모아나를 떠난다. 신의 선택을 받아 반인반신이라 불리는 마우이지만 그의 내면에는 상처가 가득하다. 그가 자신을 바라보는 시선은 태어나자마자 부모에게 버림받은 아이, 인간들에게 환영받지 못한 존재로 멈춰 있다.

그러나 마우이는 다시 모아나에게 돌아온다. 위기의 순간에 나타나 모아나를 구해주었고, 그로 인해 마우이의 마법 갈고리는 완전히 부러진다. 사과하는 모아나에게 마우이는 다음과 같이 대답한다. 마법 갈고리를 잃었지만 진짜 자존감, 자신을 발견한 것이다.

"

갈고리 일은 유감이야.

모아나

그게 뭐 어때서.
갈고리가 없어도 나는 마우이야.

마우이

"

마우이가 처음에 모아나에게 말했던, "갈고리가 없으면 나는 아무것도 아니야"라는 말의 의미는 단순하지 않다. 부모가 자신을 아무것도 아 닌 것처럼 버렸다는 말에서의 '아무것도'와 연결되기 때문이다. 어쩌면 마 우이에게 마법 갈고리는 자기 자신이었을 것이다. 자존심의 원천일 수도 있고 애지중지 아끼는 무엇일 수도 있다. 내가 이룬 성과나 결과일 수도 있다. 그것과 자신을 동일시했던 것이다. 내가 나일 수 있는 전제 조건이 라고 믿었던 것일 수도 있다. 영화 초반, 마법 갈고리를 잃은 마우이가 천 년 동안 '아무것도' 하지 않고 있었던 것처럼. 하지만 내가 나이기 위한 조 건은 어디에도 없다. 어떤 것을 가지거나, 어떤 자리에 올라 존재 가치를 증명해야 비로소 나 자신이 되는 것도 아니다. 무엇이 있거나 없어도 나는 나이며, 세상에 나와 똑같은 사람은 없다. 우리는 종종 이 사실을 잊는다. 풍랑을 만나거나 인생의 밤을 만났을 때 우리는 '나'의 특별함을 잊는다.

낙심한 모아나 앞에 환영처럼 나타난 할머니가 "네가 누구인지 스스 로 돌아보렴"이라고 말하자 모아나는 깨닫는다. 바다가 선택해서, 선택 받아서 자신이 모아나가 된 것이 아니라, 자신 안의 목소리가 스스로를 이끌었다는 것을. 이윽고 모아나는 "나는 모투누이의 모아나야"가 아닌 "나는 모아나야"라고 말하며 자신을 바로 마주할 수 있게 된다. 네가 누 구인지 스스로 돌아보라는 할머니의 말은 사실 모아나 내면의 목소리다. 우리는 맑은 샘물 같은 내면의 목소리를 가지고 있다. 그리고 누구나 무엇 에도 얽매이지 않은 자유로운 영혼의 소리를 들을 수 있다. 다른 것에 마 음을 빼앗기고 분주해서 아무 소리도 들리지 않는 것 같지만, 내면에 집 중하며 귀를 기울이면 깊은 곳에서 외치는 영혼의 소리가 들려온다.

모아나가 다짐했듯이 어떤 고난 속에서도 길을 잃지 않도록 때때로 스스로를 돌아보자. 우리는 탐험가이자 모험가다. 마음의 나침반이 가리키는 곳으로 나아가자.

## 영화가 전하는 메시지

모아나의 할머니는 시작부터 테피티와 테카, 마우이, 카카모라 해적단, 거대 게 타마토아 등 바다의 모든 생명을 이미 알고 있는 것처럼 묘사된다. 이 모든 것을 알고 있는 모아나의 할머니는 테카와 테피티처럼 영적인 존재거나 그 이상의 존재, 즉 만물을 관장하는 세계의 이성 '로고스'를 의미하는 건 아닐까. 어쩌면 바다 그 자체일 수도 있다. 할머니는 모아나에게 하는 말과 노래를 통해 화면 너머 우리에게도 말을 건넨다. "스스로를 돌아보렴. 네가 누구인지." 그리고 모아나는 이 말을 테카에게 그대로 전한다. 모아나가 테카에게 전하는 이 대사에 영화의 모든 것이 함축되어 있다.

*너 자신을 되찾아. 너는 너를 알잖아.*
*너 자신을 떠올려. 진실한 네 모습을.*
*(모아나)*

모아나가 심장을 돌려주러 가자, 테카는 분노로 가득 차 불을 머금고 달려오다가 모아나 앞에서 스스로 멈춘다. 불길을 사그라뜨린다. 자신이 누구인지 기억하기 때문이다. '자신이 누구인지 알아라.' 이는 〈모아나〉에서 말하고자 하는 큰 메시지다. 모아나도 테카도 타인의 도움을 받아서 자신을 찾아가지만, 결국 마지막 결정은 스스로 할 수밖에 없다. 나 자신을 이해하고 정체성을 찾는 여정에는 그 누구도 도울 수 없는 결정적인 선택의 순간이 있다. '모아나가 모아나인 이유는 바다가 자신을 선택했기 때문이 아니라는 것'을 모아나는 결국 깨닫는다. 모아나는 바다가 선택한 모아나도 모투누이의 모아나도 아닌, 단지 모아나 자신이다. 갈고리가 없어도 마우이는 마우이인 것처럼.

## 자신이 누구인지 아는 것

결국 바다가 모아나를 왜 선택했는지 모아나도, 영화를 보는 우리도 알 수 없다. 어쩌면 우리의 삶도 이와 같지 않을까? 생명을 가지고 살고 있으나 왜 우리가 태어났는지, 어떻게 수많은 위험을 피해서 지금도 살아 있을 수 있는지 알 수 없다. 세상에 태어난 이유, 우리는 이 존재 이유를 '사명'이라고 부른다. 그리고 죽는 날까지 그것을 찾아가는 여정이 인생이다. 모아나는 바다가 자신을 선택한 게 잘못된 선택이지 않을까 의심한다. "너는 구할 가치가 있는 사람이었을 거야. 마우이를 만든 건 그들이 아니라 너 자신이야." 모아나가 풀이 죽어 등을 돌리고 있는 마우이에게 건네는 이 말은 스스로에게 하는 위로의 말이기도 하다.

심장을 잃은 테피티, 갈고리를 잃은 마우이, 바다가 실수로 자신을 선택했을지도 모른다고 생각한 모아나는 모두 자기 자신을 몰랐다. 모아나의 아버지를 비롯한 모투누이 사람들도 그들 자신을 몰랐다. 그들이 암초의 보호를 받아야만 살 수 있는 연약한 존재가 아니라 어디든 떠날 수 있는 모험심과 강인함을 가진 존재라는 것을, 그리고 그들이 모험가이자 탐험가라는 사실을.

모아나의 할머니가 "세상이 혹독해도, 여행이 고통스러워도, 상처는 아물며 널 가꿔줄 뿐이란다"라고 모아나에게 말했듯이, 세상의 경험은 빠짐없이 우리를 성장시키는 도구다. 풍파에 이리저리 상처가 나도 우리의 존재 가치는 변하지 않는다. 무엇을 하거나 하지 않아도, 존재 가치를 증명해내지 않아도, 우리는 있는 그대로 온전히 귀하고 소중하다. 스스로를 믿는 것은 정말 중요하다. 그 시작은 자신이 누구인지를 아는 것이다. 진정한 자존감은 나다운 삶에서 나온다. 어떤 순간에도 자신이 누군지 기억하자.

?!

영화 〈모아나〉에서
건져 올린 질문들

• 나는 세상에 어떤 흔적을 남기고 싶은가?

• 언제 가장 나답다고 느끼는가?

• 나답게 살기 위해 무엇이 필요한가?

• 온전한 나다움을 누리게 되면 무엇을 가장 하고 싶은가?

• 테피티에게 심장은 어떤 의미일까? 나에게는?

• 자꾸만 내 마음이 향하는 곳이 있다면 어디인가?

• 나에게 지금 필요한 격려와 지지가 있다면 무엇인가?

• 나를 안전하게 지키기도 하지만 제한하기도 하는 '암초'는 무엇인가?

• 나에게 '마우이의 갈고리'는 무엇인가?

내가 만든 질문

#현재 #황금시대

### CHAPTER 2. 미드나잇 인 파리

지금, 여기에
온전히 머무르기

# 미드나잇 인 파리

감독: 우디 앨런
출연: 오웬 윌슨(길), 마리옹 꼬띠아르(아드리아나), 레이첼 맥아담스(이네즈)
개봉: 2012.07.05.
등급: 15세 관람가

**영화 줄거리**

길 펜더는 잘나가는 시나리오 작가로, 언제나 1920년대의 비 오는 파리를 황금시대로 생각하고 꿈꿨다. 어느 날 약혼녀인 이네즈와 함께 파리에 온 길은 우연히 이네즈의 친구인 폴과 그의 아내 캐롤을 만난다. 이네즈는 폴 부부와 춤을 추러 클럽에 가고, 폴이 영 마음에 들지 않던 길은 혼자 호텔을 향해 걷는다. 종탑 아래 계단에 앉아 쉬던 길의 앞에 종소리와 함께 클래식 푸조가 나타나고, 길은 시간을 넘어 1920년대 파리로 가서 스콧 피츠제럴드와 그의 아내 젤다, 그리고 콜 포터와 헤밍웨이를 만나 꿈같은 시간을 보내고 원래의 파리로 돌아온다. 다음 날, 다시 1920년대의 파리로 간 길은 피카소의 뮤즈인 아드리아나를 만나고, 둘은 함께 밤길을 걷다가 한 마차를 타고 아드리아나가 생각하는 황금시대인 1890년대의 벨 에포크 시기로 간다. 그곳에서 드가, 고갱, 로트렉을 만나 이야기를 나누다가, 세 명의 거장이 생각하는 황금시기는 1890년대가 아닌 르네상스 시대라는 이야기를 듣는다. 이 일로 깨닫는 바가 있었던 길은 현재로 돌아오고, 아드리아나는 그녀가 꿈꿨던 예술의 시대인 1890년대에 남는다.

**이 영화를 선택한 이유**

우리는 현재를 살아간다. 하지만 우리의 의식이 늘 지금, 여기에 온전히 머물러 있는 건 아니다. 현재가 서럽고 고통스러울 때 우리는 과거의 어느 때를 그리워한다. 그리고 때로는 오지 않은 미래를 꿈꾼다. 심리적 고통을 피하는 방법인 것이다. 과거의 따뜻하고 행복했던 추억은 현재를 잘 살아갈 힘을 주며, 미래를 대비하고 준비하는 것도 현명한 자세다. 하지만 현재를 떠나 다른 시간대에 머물러도 시간은 흘러가고, 현재는 끊임없이 과거가 된다. 영화 속 인물들이 각자의 시간대에서 현재를 바라보는 시선을 통해 나의 지금을 돌아보는 시간을 가져보자. 지금, 여기에 온전히 머무는 각자의 방법에 대해 생각해볼 수 있을 것이다.

## 알고 보면 더 좋은 영화 속 예술가들

영화 〈미드나잇 인 파리〉에는 1920년대의 예술가들이 등장한다. 길과의 에피소드로 중요한 역할을 하는 스콧과 젤다 피츠제럴드 부부, 어니스트 헤밍웨이, 거트루드 스타인, 살바도르 달리, 파블로 피카소를 비롯해, 잠깐이지만 강렬하게 등장하는 콜 포터, 조세핀 베이커, 주나 반스 등이 그렇다. 1890년대 벨 에포크 시대의 예술가 로트렉, 드가, 고갱도 잠깐 등장한다. 모두 실존했던 인물들로, 모르고 보면 스쳐 지나가는 영화 속 인물일 뿐이지만 이들이 누구인지 알고 보면 영화가 훨씬 풍성하고 흥미로워진다.

젤다와 스콧 피츠제럴드 부부는 둘 다 소설가이다. 스콧은 《위대한 개츠비》, 《벤자민 버튼의 시계는 거꾸로 간다》를 썼다. 스콧은 젤다의 말과 글, 그녀의 삶에서 문학적 도움을 받았는데, 실제로 그의 소설에 나오는 주인공들에게서 젤다의 모습을 볼 수 있다.

어니스트 헤밍웨이는 《노인과 바다》, 《누구를 위하여 종은 울리나》, 《무기여 잘 있거라》 등을 집필한 대문호다. 헤밍웨이는 아프리카 여행을 자주 다녔는데, 영화에서도 그가 아드리아나와 아프리카 여행을 갔다고 언급된다. 호전적이고 도전적인 색채가 강한 헤밍웨이의 성품이 영화에서도 잘 나타나 있다.

거트루드 스타인은 미국의 작가이자 시인으로 1903년부터 파리에 거주했다. 영화에서 스타인은 길의 원고를 읽고 그녀다운 조언을 해준다. 패배주의자처럼 굴지 말라고 말이다. 자신감 없어 보이는 길에게 '예술가의 책임'에 대해서 말해준다. 그리고 이 말은 우리에게도 해당된다. 실제로 예술가가 아니어도 우리 각자의 삶에서는 예술가가 되자고, 존재의 공허함을 채울 해답을 함께 찾자고 말한다.

> *인간은 죽음을 두려워하고 우주에서 우리 위치를 묻죠.*
> *예술가의 책임은 절망에 굴복하지 않고*
> *존재의 공허함을 채워줄 해답을 주는 거예요.*
> *표현이 힘 있고 명확해요.*
> *패배주의자처럼 굴지 말아요.*
> *(거트루드 스타인)*

길이 1920년대 파리의 파티장에 입장했을 때 피아노를 치며 "사랑을 합시다, 우리 모두 사랑에 빠져요" 하고 노래 부르던 사람은 콜 포터다. 그는 미국의 작곡가이다. 셰익스피어의 희극《말괄량이 길들이기》를 기초로 한 뮤지컬 〈Kiss Me, Kate〉의 작곡과 작사를 맡아, 제1회 토니 어워드 최우수 뮤지컬상을 받도록 공헌했다.

파티장에서 길과 아드리아나가 나누는 대사를 통해 아주 잠깐 등장하는 주나 반스의 성격도 어느 정도 예측할 수 있다. 아드리아나가 방금 길과 춤춘 사람이 주나 반스라고 알려주자, 길이 "아까 그분이 주나 반스였어요? 어쩐지 리드하려고 하더라"라며 고개를 끄덕인다. 주나 반스는 그 시대에 극소수였던 여성 작가이며, 20세기 영문학 발전에 큰 역할을 한 인물이다.

화가 로트렉, 드가, 고갱이 한자리에 나오는 장면에서도 각 인물의 개성을 엿볼 수 있다. 선천적으로 뼈가 약했던 로트렉은 어릴 때 의자에서 떨어지는 사고로 하반신의 성장이 멈추게 된다. 그래서 영화에서도 앉은 모습이 다른 인물에 비해 작게 표현됐다. 로트렉은 영화에서도 실제 성격처럼 조용하고 편견 없는 시선으로 길과 아드리아나를 바라본다. 드가는 주로 발레리나를 작품 소재로 삼았는데, 영화에서도 드가의 친구가 발레 의상 담당을 찾고 있다고 나온다. 이 세 명에게 길이 영어를 하냐고 물었을 때, 로트렉이 고갱은 좀 한다고 말하자 고갱이 "아냐, 난 아주 잘해"라고 말한다. 허세와 과시욕이 있었다고 알려진 화가 고갱답다.

*워워, 길….*
*자, 진정하자. 침착해.*
*그래, 대단한 밤이었어.*
*피츠제럴드, 헤밍웨이… 일명 파파.*
*(길 펜더)*

그토록 동경했던 파리의 1920년대 예술가들을 한자리에서 만난 길. 약간은 얼빠진 듯한 표정과 대사가 그의 감정을 보여준다. 스토리 전개로 볼 때는 중요하지 않은 장면도 실제 인물들을 알고 다시 영화를 보면 같은 장면이 조금 다르게 보인다. 영화에 나오는 예술가들의 옷차림과 표정, 성격 등을 보면 실제 인물과 최대한 근접하려고 얼마나 공을 들였는지 알 수 있다.

## 무의식이 말하는 것

길과 이네스는 파리의 한 레스토랑에서 이네스의 지인인 폴과 캐롤 부부를 우연히 만나 함께 베르사유 궁전에 간다. 길과 이네스의 인생 방향이 엇갈리고 있음을 극명하게 보여주는 장면이기도 하다. 영화에서 폴이 현학적인 사람이라는 표현이 여러 번 나온다. '현학적'이란 학식 있음을 뽐낸다는 의미다. "이건 내가 좀 아는데"로 시작하는 폴의 대사를 봐도 알 수 있다. 베르사유 궁전을 둘러보던 중 과거를 동경하는 길에 대해 폴과 이네스는 다음과 같이 말한다.

"
과거에 대한 향수는 '부정'이야.
고통스러운 현재의 부정.

길은 완전 몽상가라서
현재를 영영 부정하고 살 수 있다면 더 행복해할걸.

그 오류의 이름이 바로 '황금시대 사고'야.

정답!

그건 잘못된 개념이야.
다른 시대가 현재보다 나을 거라는 착각은 현실에 적응 못 하고
로맨틱한 상상이나 하는 사람들의 허점이지.

"

이 장면에서 길과 나머지 세 사람이 서로 다른 편인 듯 나뉘어 있다. 길과 나머지 세 명이 마주 보고 있는 것이다. 셋은 길을 이해하려는 시도도 없이 이분법적으로 갈라서 '너는 틀렸다'고 온몸으로 말하고 있다. 길 스스로도 확신하지 못하고 있는 그의 소설에 대해 지지와 공감은커녕, 공격적인 말 폭탄 세례를 퍼붓고 있다. 심지어 길의 연인인 이네스조차 그렇다.

특히 폴의 태도를 주목하면 길을 깎아내리고 스스로를 드러내어 과시

하려는 행동이 보인다. 마치 동물의 세계에서 마음에 드는 암컷을 차지하기 위해 수컷이 하는 행동과 흡사하다. 이네스는 그런 폴이 박식하고 똑똑하다며 감탄한다. 호텔에 돌아와서 길은 폴에 대해서 이렇게 말한다. "사이비 지식인(pseudo-intellectual) 같아." 길은 폴이 마음에 들지 않는다. 다시 우연히 만났을 때도 최대한 다음 일정을 함께하지 않으려고 노력한다. 결국 그 노력은 이네스에 인해 무산되지만.

길에 관한 이네스와 폴의 말은, 어쩌면 완전히 틀린 것은 아니다. 실제로 길은 다른 시대(길이 생각하는 황금시대인 1920년대 파리)가 현재보다 나은 때였다고 생각하고 있다. 하지만 그렇다고 해서 과거를 그리워하는 길이 마냥 틀렸다고 단정할 수 있을까? 길에 관한 폴의 말은 완전히 틀리지는 않지만 그렇다고 진실도 아닌, 마치 가짜 휘발유 같다. 하지만 가짜 휘발유 성분 중 가장 많이 들어 있는 것은 바로, 진짜 휘발유다. 여기에 불편한 진실이 하나 있다. 폴의 말에도 진실은 있다는 것이다. 길이 현재를 부정하고 있다는 것. 그가 1920년대 파리를 동경하는 마음의 이면에는 현재의 문제들을 회피하고자 하는 마음이 있다. 길의 그런 마음까지 폴이 아는지 모르는지는 알 수 없지만, 길 자신은 알고 있다. 스스로가 그런 상태라는 것을. 현실 부정을 잘못이라고만 할 수는 없다. 진실을 받아들일 준비가 되면 마음은 움직인다. 길은 다만 아직 충격을 감당할 힘이 없음을 알고 스스로를 보호하는 중이다.

우리는 때로 현실의 어떤 상태를 깨고 싶지 않아서 외면할 때가 있다.

상황은 바뀌지 않지만 나만 모르면 괴롭지 않을 거라고 생각한다. 그래서 스스로를 속이고 의식적으로는 모르는 상태로 있다. 하지만 우리의 무의식은 모든 것을 알고 있다. 모르는 척하고 넘어간 모든 정보들이 마음속 한구석을 차지하고 있다. 숨기고 싶은 의식과 모든 것을 알고 있는 무의식이 팽팽하게 줄다리기를 하다가, 자신도 모르는 사이에 눌러둔 마음이 흘러나온다. 행동과 말, 표정 등을 통해서. 길이 쓰는 소설은 그의 무의식을 반증한다. 그의 소설 속 노스탤지어숍에서 일하는 주인공은 1920년대 파리를 동경하고 그곳에서 살고 싶어 하는 길 자신이다.

길은 시간을 거슬러 자신이 꿈꾸던 1920년대 파리에 가고, 그곳에서 유명한 예술가들을 만나 이야기를 나눈다. 길에게 거트루드 스타인은 "패배자처럼 굴지 말라"고 말하고, 헤밍웨이는 "작가라면 당당하라"라며 조언하는데, 그것은 사실 길이 스스로에게 하는 말이기도 하다. 우리의 말이나 글, 그림과 같은 표현은 우리의 무의식을 드러낸다. 그래서 자신도 모르게 튀어나온 말, 낙서 같은 글, 의도 없이 그린 그림, 무심코 찍은 사진이 나도 모르는 사이 단서를 남긴다. 자신의 진짜 이야기를 만날 수 있는 것이다. 내가 무엇을 외면하고 있는지, 그것이 나에게 어떤 의미인지 스스로 질문하며 불편한 진실과 마주할 때, 우리는 생각하지 못했던 새로운 길을 발견하기도 한다. 일상에서의 예술 활동을 권하는 이유이기도 하다.

## 현실이 슬픈 이유

길은 자신이 생각하는 황금시대인 1920년대 파리에서 피카소와 헤밍웨이의 뮤즈인 아드리아나를 만나고 그녀에게 점점 빠져든다. 다음은 둘이 나눈 대화의 일부다.

**길**

"

인생은 정말인지 알 수가 없어요.

우리가 사는 현재가 그래요.
모든 게 너무 빨리 움직이고, 삶은… 소란스럽고 복잡하죠.

아드리아나

"

알 수 없는 현재와 미래가 불안하다는 길을 통해 인생에 대해 생각해 볼 수 있다. 무엇 하나 확실하지 않아서 겁이 나고 두려움이 몰려올 때, 하고 싶은 일과 안정적인 일 사이에서 고민하는 마음속 두려움의 실체는 무엇일까? 하고 싶은 일을 선택했다가 실패한다면, 혹은 안정적인 삶을 선택하고 좋아하는 일을 포기한다면, 그래서 시간을 허비한다면 이대로 나의 푸른 젊은 날이 다시는 돌아오지 않을 거라는 공포 때문이 아닐까? 길의 말처럼 인생은 정말인지 알 수가 없다.

불확실은 다시 말하면 가능성이기도 하다. 정해지지 않았기에 얼마든지 다른 결과를 기대할 수 있다. 내일 무엇이 기다리고 있을지 알 수 없는 우리가 할 수 있는 건 현재에 최선을 다하는 것뿐이다. 오늘 최선을 다하고 또 내일이 오늘이 되면 다시 있는 힘껏 살아내야 한다. 그럼에도 우리는 결과를 장담할 수 없다. 불안함은 가능성의 대가라고도 할 수 있다. 확실함은 다시 말하면 고정됨이라 할 수 있다. 고정된 미래는 아무리 빛나 보여도 결국은 암울하지 않을까? 날개가 꺾여 새장 속에 놓인 새처럼 말이다. 그러므로 모든 것이 불확실한 현실이 어렵긴 하지만, 자유와 가능성을 품고 있기에 우리는 그 무게를 감당하고 마주해야 한다.

## 황금시대라는 허상

길과 아드리아나는 함께 1920년대를 걷다가 아드리아나가 생각하는 황금시대인 1890년대 벨 에포크 시대에 가게 된다. 그곳에서 로트렉, 고갱, 드가를 만난다. 지금 우리에게는 거장이지만, 그들도 때로는 현재에 만족하지 못하고 과거를 그리워했다. 그 모습을 보면 현재를 산다는 것이 정말 쉽지 않은 일인 듯하다. 그렇다고 폴이 길에게 말한 것처럼 그들이 모두가 '미니버 치비'는 아니다. 미니버 치비는 에드윈 알링턴 로빈슨의 시에 나오는 주인공이다. 과거에 태어났으면 좋았을 텐데 너무 늦게 태어나 아쉬운 아이. 사라진 것들 때문에 한숨 짓고 중세 갑옷의 우아함을 그리워하는, 과거에만 얽매여 있다가 여위어가는 인물이다.

*"이 세대는 공허하고 상상력이 없어요."*
*(폴 고갱)*

1890년대 벨 에포크 시기의 거장들도 실수를 저지르며 과거를 그리워하는 한 사람이었다는 사실이 반갑기도 하고 뭉클하기도 하다. 벨 에포크 시기를 살면서 르네상스 시대를 그리워하는 거장들의 모습에 위로를 받는다. 지금 방황하고 갈등하며 여러 선택 사이에서 갈팡질팡하는 우리의 이 모습도 미래의 어느 날에는 누군가에게 위로가 될지도 모른다고 생각하면 마음이 조금 놓인다.

*여기 머물면 여기가 현재가 돼요.*
*그럼 또 다른 시대를 동경하겠죠.*
*상상 속의 황금시대. 현재란 그런 거예요.*
*늘 불만스럽죠. 삶이 원래 그러니까.*
*(길 펜더)*

우리는 때로 타인을 통해 자신을 발견한다. 특히 외면하고 싶은 모습이 잘 보인다. 그래서 누군가에게 충고나 위로를 할 때 우리는 어쩌면 자신에게 가장 필요한, 자신이 들어야 할 말을 하고 있는 건지도 모른다. 길은 아드리아나에게 말하면서 피하고 있던 자기 내면을 마주하고 마침내 깨닫는다. 황금시대는 존재하지 않는다는 것을. 과거로 돌아가서 황금시대에 머무르면 그곳은 다시 현재가 된다. 현재의 나는 또 다른 황금시대를 그리워하게 되고 과거의 황금시대는 언제나 상상 속에서만 존재한다.

1920년대의 아드리아나가 자신의 황금시대인 1890년대로 간다면 당장은 만족스럽고 기쁠 것이다. 하지만 얼마 가지 않아 1890년대는 그녀에게 현재가 되고 만다. 결국 외면하고 싶은 일상의 구질구질함과 불만을 피해 또 다른 황금시대를 찾아 과거로 가고 싶어질 것이다. 삶이란 원래 그런 거니까. 현재를 살아내지 않고서는 빛나기만 하는 황금시대는 없다.

## 영화가 전하는 메시지

〈미드나잇 인 파리〉에는 1920년대 예술가들이 등장한다. 파리를 사랑했던 파블로 피카소, 어니스트 헤밍웨이, 스콧 피츠제럴드, 거트루드 스타인, 살바도르 달리와 같은 거장들이다. 하지만 그들이 활동하던 1920년대에 이들은 거장이 아니라, 우리처럼 때로 불안하고 과거의 어느 때를 그리워하기도 하는 한 사람이었다. 영화는 그들의 대사를 통해 길뿐 아니라 우리에게도 응원의 말을 전한다.

> *영 아닌 소재는 없소. 내용만 진실하다면.*
> *또 문장이 간결하고 꾸밈없다면, 그리고*
> *역경 속에서도 용기와 품위를 잃지 않는다면.*
> *작가라면 자신이 최고라고 당당히 말하시오.*
> *(어니스트 헤밍웨이)*

헤밍웨이는 길이 쓰고 있는 소설 속 문장을 얘기하고 있지만, '문장'을

'인생'으로 바꾸면 영화의 메시지가 된다. 영 아닌 인생은 없으니 역경 속에서도 용기와 품위를 잃지 말라고 말한다. 그리고 작가인 길과 우리 모두에게 당당하라고, 자신의 인생을 최고라 말하라고 한다.

영화의 처음, 내용이 시작되기 전에 스토리와 연결되지 않는 영상이 나온다. 가벼운 음악과 함께 계절과 날씨에 따라 달라지는 파리의 모습을 보여준다. 필터를 입힌 듯 동화적인 색감이 인상적이다. 붉은 꽃, 노란 꽃, 알록달록 색색의 식물이 피어 있는 모퉁이의 꽃집, 분수대의 부서지는 물보라 근처에 모여 있는 사람들, 비 오는 풍경, 새벽녘의 어스름한 안개가 낀 센강, 나른한 오후의 공원, 그리고 한밤의 반짝이는 에펠탑까지. 다양한 시간대의 파리 곳곳의 모습, 각자의 사연으로 오가는 사람들을 보여준다. 영화 내용과 관련이 없는 그 짧은 영상이야말로 어쩌면 이 영화가 말하고 싶은 전부일지도 모른다. 인생의 모든 계절을 무심히 비추면서 각자의 상황은 때로는 아프고 힘들지만 그 모든 삶으로 인해 아름다운 파리가 완성된다고, 그러니 이 아름다운 곳에서 사랑하라고 말하는 듯하다. 우리의 삶도 우리가 살아온 모든 순간순간이 모여 이렇게 아름답다고. 그러니 그대의 현재를 살라고.

## 지금 여기에서 제대로 사랑하자

우리는 3차원을 인식하는 존재이기에 현재를 살 수밖에 없는데, 진정한 의미의 현재를 사는 것이 쉽지는 않다. 후회하고 그리워하고 그러다가 또 과거를 생각하면서 지금 이 순간을 흘려보내고, 다시 과거가 된 어제를 오늘 또 아쉬워한다. 지금을 제대로 사는 것. 어쩌면 영화 〈미드나잇 인 파리〉의 마지막 장면, 비 오는 날 파리를 걷는 길과 가브리엘처럼 떨어지는 빗방울을 피부로 느끼는 것이 현재를 사는 가장 쉬운 방법인 건 아닐까. 영화 속에 흐르는 콜 포터의 노래 〈Let's Do It <sup>(Let's Fall In Love)</sup>〉과 헤밍웨이의 다음 대사가 마치 우리에게 전하는 손편지처럼 느껴진다. 두려움 없이 현재를 살라고, 지금 여기에서 제대로 사랑하라고.

*진정한 사랑은 죽음마저 잊게 만든다네.*
*두려운 건 사랑하지 않거나 제대로 사랑하지 않아서지.*
*(어니스트 헤밍웨이)*

?!

영화 〈미드나잇 인 파리〉에서
건져 올린 질문들

- 나에게 황금시대는 언제인가?

- 과거를 황금시대라고 생각한다면 이유가 무엇인가?

- 지금을 황금시대로 만들기 위해 내가 할 수 있는 것은 무엇인가?

- 돌아가고 싶은 과거가 있다면 언제인가? 그 이유는?

- 과거로 돌아가서 꼭 만나고 싶은 사람이 있다면 누구인가?

- 나는 무엇이 두려운가?

- 나는 무엇을 외면(부정)하고 있는가?

- 두려움을 잊게 할 정도로 사랑하는 것은 무엇인가?

- 내가 현재를 살 수 있도록 붙잡아주는 것이 있다면 무엇인가?

내가 만든 질문

#독립 #슬럼프 #성장 #관계

CHAPTER 3. 마녀 배달부 키키

독립이 알려준
인생의 의미

# 마녀 배달부 키키

감독: 미야자키 하야오
출연: 타카야마 미나미(키키/우슐라 목소리), 사쿠마 레이(고양이 지지 목소리)
개봉: 2007.11.22. (재개봉: 2019.06.26.)
등급: 전체 관람가

**영화 줄거리**

키키는 마녀 엄마와 인간 아빠 사이에서 태어난 초보 마녀다. 마녀들은 전통적으로 열세 살이 되면 부모를 떠나 다른 마을에서 1년 동안 수행해야 한다. 열세 살이 된 키키는 짝꿍인 검은 고양이 지지와 함께 마녀 수련을 떠난다. 빗자루를 타고 한참 이동하던 중, 우연히 만난 마녀로부터 잘하는 게 무엇이냐는 질문을 받는다. 키키는 대답하지 못하고 그 답을 고민한다. 이윽고 마음에 드는 마을을 찾은 키키. 푸른 바다가 있는 커다란 항구마을이다. 그러나 낯선 마을에 정착하려는 키키에게 돌아오는 것은 차가운 눈빛들이었다. 키키는 외로움을 느끼지만, 친절한 빵집 주인 오소노 덕분에 힘을 낸다. 오소노는 키키에게 가게 전화를 받아주는 대신 빵집을 사무실처럼 사용하라고 해준다. 빵집에 머물면서 키키는 자신이 잘하는 게 배달임을 깨닫고, 빗자루를 타고 도시 곳곳에 물건을 배달하는 사업을 시작한다. 하늘을 나는 것이 꿈인 소년 톰보, 키키의 고객인 마음씨 고운 할머니, 자유로운 영혼을 가진 화가 우슐라 등, 좋은 이웃들을 만난 키키는 스스로에게 인생의 중요한 질문들을 던지며 수행기간 동안 점점 성장해간다.

**이 영화를 선택한 이유**

우리는 가진 것 없이 태어나 부모님의 보살핌을 받으며 성장한다. 그리고 때가 되면 독립해 자신의 삶을 책임지며 살아간다. 독립은 다른 것에 의존하지 않음, 즉 스스로 선다는 의미다. 하지만 경제적인 독립은 물론이고, 정서적인 독립 역시 노력과 의지만으로 금방 이뤄지진 않는다. 자신의 감정을 살피고 돌보며 내면의 성장을 이뤄가야 한다. 애니메이션 〈마녀 배달부 키키〉는 키키가 부모를 떠나 어엿한 한 사람으로 성장하는 모습을 보여준다. 우리의 일상과 닮은 좌충우돌 키키의 나날들은 마치 우리에게 아직 부족하지만 괜찮다고, 지금 충분히 잘하고 있다고 위로를 건네는 듯하다. 슬럼프에 빠져 정체한 듯 머물러 있을 때도 있지만, 우리는 매일 독립된 한 사람으로 성장해나가고 있다.

## 독립, 나로 살기 위한 필수 조건

어엿한 마녀로 인정받기 위해서는 고향을 떠나 1년간 혼자 살아가는 수행을 해야 한다. 수행하러 떠나는 초보 마녀 키키는 독립할 생각에 들떠 있지만 아버지는 아직 어린 키키가 걱정된다. 독립하려면 필연적으로 본래 있던 곳을 떠나야 한다. 태어나서 머물던 안전하고 편안한 둥지에서 벗어나는 일은 생각보다 만만치 않다. 우리도 마찬가지다. 가보지 않은 세상이 두렵고, 가늠되지 않는 온갖 일들을 어떻게 대처할 수 있을지 걱정도 된다. 그래서 생각대로 되지 않거든 언제든 돌아오라는 키키 아버지의 따뜻한 말이 한없이 위로가 된다. 어쩌면 우리는 돌아올 곳이 있어서 떠날 수 있는 게 아닐까?

*우리 예쁜 딸이 어느새 이렇게 컸구나.*
*생각대로 안 되거든 언제든 돌아오너라.*
*(키키 아빠)*

키키는 아빠가 주신 라디오에서 들려오는 소리를 들으며 엄마가 길들인 빗자루를 타고, 검은 고양이 지지를 어깨에 태운 채 미지의 세계로 날아간다. 수련기간에는 혼자서 낯선 곳에 정착해야 한다. 스스로 살 집을 구하고 돈도 벌어야 한다. 키키는 아름다운 항구 도시에 정착하기로 마음을 먹는다. 하지만 이 커다란 마을은 이전에 살던 곳처럼 키키에게 친절하지 않고, 사람도 차도 많아 복작복작하다. 부모님으로부터 독립한 후 우리가 만나는 낯선 세상과 비슷하다. 세상은 우리를 반기지도 호락호락하지도 않다.

키키는 자신을 반기지 않는 마을에 실망해서 터벅터벅 길을 걷다가 친절한 빵집 주인 오소노를 만난다. 임신 중인 오소노는 키키에게 자신의 빵집에서 전화를 받아주며 가게를 사무실처럼 사용하라고 한다. 키키는 여기서 자신이 가장 잘하는 일, 하늘을 나는 능력으로 배달 일을 하기로 한다.

만약 독립할 때가 되었음에도 그러지 못하고 있다면, 어쩌면 두려움 때문인지도 모른다. 떠났다가 실패했을 때의 막막함을 견딜 자신이 없어서, 혹은 둥지와의 연결이 끊어지는 것에 대한 두려움 때문에. 처음으로 집을 떠나는 키키 역시 설렘과 두려움을 동시에 느꼈다. 그래서 이동 중에 우연히 만난 한 마녀에게 자신의 걱정을 털어놓았다.

> **키키**
>
> "저,
> 낯선 마을에 정착하는 것이 많이 어려운가요?

> 그야 뭐, 사람에 따라 달라.
> 나는 점을 칠 줄 알아서 어렵지 않게 지내지!
> 요즘엔 사랑 점도 봐줘. 너는 무슨 특기가 있니?"
>
> **마녀**

떠나면 알게 되는 것들이 있다. 어쩌면 떠나야만 알 수 있는 건지도 모른다. 보호받던 큰 그늘에서 벗어나면 자신이 무엇을 좋아하고 싫어하는지, 자신만의 취향이 무엇인지를 새롭게 발견하게 된다. 도전과 실패를 통해 자신의 한계와 능력도 알게 된다. 혼자 있을 때 비로소 '나는 누구인가?'라는 존재 의미로의 탐구가 시작되기 때문이다. 이는 신화와 영웅 이야기의 공통점이기도 하다. 둥지를 떠나, 길 위에서 만나는 모든 경험이 양분이 되어 한 사람의 인생을 완성한다. 그러므로 독립은 나 자신으로 살아가기 위한 필수 조건이라 할 수 있겠다.

## 누구에게나 찾아오는 슬럼프

새로운 마을에 정착해 배달 일을 하던 키키에게 시련이 닥친다. 그동안 자연스럽게 빗자루를 타고 날아다녔는데, 문득 비행을 의식하고 나니 날 수가 없다. 그러던 어느 날 키키는 우연히 화가 우슐라를 만나고, 그녀가 머물고 있는 전나무 숲의 오두막으로 간다. 오두막에서 키키는 우슐라에게 고민을 털어놓는다. 그러자 우슐라는 자신도 그림이 잘 안 그려질 때가 종종 있다며, 그럴 때는 계속 그리고 또 그린다고 말한다.

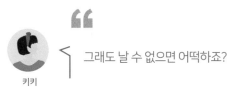

키키

그래도 날 수 없으면 어떡하죠?

우슐라

그리는 걸 포기해. 산책이나 경치 구경,
낮잠을 자거나 아무것도 하지 않아.
그러다가 갑자기 그림이 그리고 싶어지지.

둥지를 떠나 혼자 길을 걷다 보면 자신이 왜 걷고 있는지, 무엇을 위해 걸어야 하는지, 이 길이 맞기는 한 건지 의문이 드는 순간들이 생긴다. 길 한가운데 덩그러니 서서 거대한 세상에 혼자만 남겨진 듯 막막하다. 어쩌면 슬럼프는 이제껏 있었던 익숙한 자리를 벗어나, 새로운 도약이 필요하다고 알려주는 인생의 알람인지도 모른다. 내가 공을 들이고 있는 영역이 아니라면 슬럼프는 오지 않는다. 슬럼프는 내가 에너지를 쏟고 있는 그곳에 나타나며, 더 나아지려고 노력하는 사람에게 찾아온다. 그러니 슬럼프가 찾아왔다면 당장은 힘들겠지만 한편으로는 '아, 내가 그동안 열심히 잘 살아왔구나'라고 알아차리고, 스스로에게 토닥토닥 위로와 격려를 보내야 한다. 그리고 화가 우슐라의 말처럼 잠시 틀에 박힌 일상에서 벗어나 휴식과 재충전의 시기를 가지며 다시 새롭게 도약해나갈 순간을 대비하는 것도 방법이다.

## 독립은 또 다른 관계의 확장

키키의 엄마도 열세 살 때 마녀 수행을 했고, 그때 수행하러 왔던 마을에서 가정을 이루고 키키를 낳았다. 그리고 마을 사람들과 교류하고 도움을 주고받으며 일가를 세웠다. 이웃집 할머니는 혈혈단신으로 빗자루 하나 타고 마을에 왔던 그때의 그 꼬마 아가씨를 기억한다.

키키 엄마

어린 나이에 혼자 살아야 한다니
요즘 세상엔 가당치도 않아요.

당신이 우리 마을에 왔던 그날이 생생히 기억나.
열세 살 어린 꼬마 아가씨가 하늘에서
빗자루를 타고 마을로 내려왔어.
눈은 반짝반짝 빛나고 아주 자신만만해 보였지.

이웃집 할머니

키키도 눈이 반짝반짝 빛나던 어린 시절의 엄마처럼 수행을 위해 다른 사회에 첫발을 내디뎠다. 호락호락하지 않은 환경이 낯설었다. 키키가 날지 못하게 되자 엎친 데 덮친 격일까, 고향에서 함께 떠나온 고양이 지지가 하는 말도 더 이상 들을 수 없게 됐다. 키키가 지지의 말을 알아들을 수 없게 되는 장면이 애니메이션 〈인사이드 아웃〉에서 주인공의 어린 시절 친구, 빙봉이 떠나는 장면과 연결된다. 새로운 세상으로 나아가기 위해 옛것과의 이별을 고하는 장면이다.

지금까지 키키에게는 고양이 지지가 있었기에 다른 이들과 깊이 소통할 필요성을 느끼지 못했다. 그러나 지지와의 단절로 인해 키키는 부모님을 떠난 이후 처음으로 또 다른 정서적 독립을 이룬다. 자신이 할 수 있는 일을 하며 서툴지만 타인과 관계 맺고 소통하며 나아가는 것이다. 독립은 단순히 혼자가 되는 걸 의미하지 않는다. 오히려 독립은 소통과 관계의 확장을 의미하며, 이를 통해 우리는 사회의 한 일원으로 성장해나가게 된다.

## 세상에 남기고 싶은 나만의 그림

우슐라는 비행을 하지 못해 걱정하는 키키에게 섣불리 조언이나 충고를 하지 않는다. 대신 자신이 깨달았던 순간에 대해 이렇게 이야기한다.

*이제껏 내가 누군가를 흉내 냈다는 것을 깨달았어.*
*어디선가 본 적이 있는 것을⋯:*
*나는 나만의 그림을 그리고 싶어졌어.*

*(우슐라)*

존경하는 누군가와 닮기를 바라며 따라가는 과정을 통해 우리는 한 걸음 더 나아가고 성장한다. 따라서 인생의 롤모델이 있다는 것은 감사할 일이지만, 그렇다고 그의 삶 전체를 그대로 따라 살 수는 없다. 각자의 지문이 다르고 홍채가 다르듯, 우리는 자신만의 우주를 만들어 나가야 한다. 우슐라가 '나만의 그림'을 찾았듯이 말이다. 키키에게 '나만의 그림'이 무엇인지는 영화에 드러나지 않는다. 하지만 머지않은 시기에 키키가 실마리를 찾을 것임을 넌지시 암시한다. 마치 '나만의 그림'은 삶에서 중요한 것과 지키고 싶은 것이 생겼을 때 알게 될 거라며 힌트를 주는 듯하다.

## 영화가 전하는 메시지

영화 말미에 그림이 하나 등장한다. 하늘을 날 수 없어 고뇌에 빠진 키키의 모습을 보고 우슐라가 영감을 받아 그린 그림이다. 이 그림에서 키키는 우슐라의 오두막 위를 날고 있다. 키키의 빗자루를 '백마'로, 검은 고양이 지지를 '뿔 달린 소'로 표현했다. 처음에는 적대적이었던 전나무 숲의 까마귀들이 에스코트하듯 키키 주위를 함께 날고 있다. 나아가는 길 앞에는 위협이 될지도 모르는 붉은 전갈 두 마리가 있다. 달도 불길함을 의미하는 붉은빛이다. 이 그림의 배경은 검푸른색이다. 검은색은 보통 '밤'이나 '죽음'을 뜻한다. 우슐라는 시련, 즉 인생의 어두운 밤을 보내고 있는 키키의 모습을 담아낸 듯하다. 하지만 죽음 같은 어둠에서도 희망을 발견하는 게 인간이다. 밤하늘을 날아가는 키키의 얼굴에선 강한 의지를 갖고 나아가려는 의지가 엿보인다. 인생의 어두운 밤, 고난의 시기를 지나는 키키는 홀연히 빛나고 있다. 키키 주위로 빛 입자가 퍼진다. 오두막 지붕 위에서 우슬라가 손을 흔들며 응원하고 있다. 너는 혼자가 아니라고 말하는 듯하다.

## 인생의 중요한 질문들

우리는 모두 각자의 삶을 산다. "인생, 다 각자 걷는 것"이라는 드라마 〈미스터 션샤인〉의 대사처럼, 어떤 날은 멋지게 날아오르고, 또 어떤 날은 키키가 그랬던 것처럼 날아오르는 방법을 잊은 듯 막막하기만 하다. 우슬라도 마찬가지였다. 그림을 그리는 것이 천직이라고 생각했는데 어떤 날은 도저히 그림이 그려지지 않는다. 그럴 때는 한 걸음 떨어져 잠시 쉬어간다. 때론 주변을 돌아보기도 한다. 그러던 중 우슬라는 키키의 고뇌하는 모습에서 영감을 받아 그림을 완성한다. 한 사람이 치열하게 나아가고자 노력하는 모습은 누군가에게 영감이 되고 한 걸음 내딛는 동력이 되기도 한다.

사람은 보이지 않는 원을 두르고 살아간다. 어떤 날은 자신의 동심원 안으로 다른 이의 동심원이 겹쳐진다. 그때 불협화음이 나기도 하지만, 겹쳐진 원과 원 사이의 교집합을 통해 타인을 위로하기도 하고 위로받기도 한다. 슬럼프를 이겨내는 노하우를 얻기도 한다. 그렇게 관계 맺는 법을 알아간다.

　〈마녀 배달부 키키〉를 통해 독립에 관해 질문해보자. 나는 제대로 독립하여 자신의 인생을 살고 있는지, 혹여 놓치고 있는 것은 없는지, 이 세상을 떠나기 전에 누구에게 무엇을 전하고 싶은지, 그리고 자신의 한계를 뛰어넘어 지키고 싶은 것은 무엇인지. 어쩌면 인생에서 가장 중요한 질문일 수도 있겠다.

?!

영화 〈마녀 배달부 키키〉에서
건져 올린 질문들

- 나에게 '독립'은 어떤 의미인가?

- 나에게 '슬럼프'는 어떤 의미인가?

- 내가 슬럼프를 극복하는 방법은 무엇인가?

- 원치는 않지만 어쩔 수 없이 따르고 있는 것이 있다면 무엇인가?

- 나에게 언제든 돌아오라는 이가 있다면 누구인가? 장소라면 어디인가?
  나는 누구에게 그런 존재이고 싶은가?

- 내가 잘하는 것은 무엇인가? 무엇을 더 잘하고 싶은가?

- 내 인생에서 그리고 싶은 '나만의 그림'은 무엇인가?

- 내가 세상을 떠나기 전에 꼭 전하고 싶은 것이 있다면 무엇인가?
  누구에게 전하고 싶은가?

- 나의 한계를 뛰어넘어 지키고 싶은 것은 무엇인가?

내가 만든 질문

#삶의정수 #용기 #인생의목적 #건강한자아상

**CHAPTER 4. 월터의 상상은 현실이 된다**

상상, 다른 방식으로
존재하는 현실

# 월터의 상상은 현실이 된다

감독: 벤 스틸러
출연: 벤 스틸러(월터), 크리스틴 위그(셰릴), 숀 펜(숀)
개봉: 2013.12.31. (재개봉: 2017.12.27.)
등급: 12세 관람가

## 영화 줄거리

월터는 잡지사 '라이프'에서 16년째 근무하고 있다. 그는 조용하고 어두운 필름 현상 부서에서 맡은 일에 책임을 다하며 묵묵히 일하는 사람이다. 모험은커녕 일상에서 어떤 일탈도 하지 않을 것 같은 이미지를 가진 월터. 그러나 그는 종종 남몰래 상상의 나래를 펼친다. 때와 장소에 구애받지 않고 자신의 상상에 몰입하면 월터는 아무것도 들리지도 보이지도 않는 상태가 된다. 이렇게 스펙터클한 상상을 하며 누구보다 평범한 일상에서 자신만의 즐거움을 찾던 어느 날, 잡지사 라이프의 구조 조정을 위해 새로운 이사가 부임한다. 마지막 호를 앞두고 폐간이 결정되었기 때문이다. 그런데 마지막 호의 표지가 될 필름을 분실하는 사건이 벌어지면서 월터의 삶이 상상보다 더 상상에 가까워진다. 월터는 어떻게든 마지막 호의 표지를 찾아야 한다. 평생 모험이라는 걸 해본 적 없는 월터가 25번째 필름을 찾아 그린란드와 아이슬란드를 오가며, 그의 인생에서 아주 특별한 순간들을 경험한다.

## 이 영화를 선택한 이유

우리는 자기 자신을 잘 모른다. 때로는 자신이 모르는 모습을 타인이 먼저 발견해주기도 한다. 그리고 우리는 생각보다 더 다양한 면을 가지고 있다. 우리의 인생은 언뜻 평범해 보일지도 모르지만 자세히 들여다보면 삶의 순간순간들은 결코 평범하지 않다. 조용한 전쟁 같은 선택의 순간에 늘 용기 내서 살아가고 있으며, 선택의 결과를 책임지고 있다. 생각보다 꽤 용기 있고 모험적이며 창조적인 인생을 살고 있는 것이다. 자신의 일을 묵묵히 하는, 누구보다 평범해 보이는 회사원 월터는 마치 그런 우리와 닮았다. 우리가 상상하고 원하는 모습은 이미 우리 안에 있다. 영화 〈월터의 상상은 현실이 된다〉는 아주 통쾌한 방식으로 이러한 진실을 전하고 있다.

## '특별함'의 진짜 의미

　라이프 잡지사의 필름 현상 부서에서 16년째 근무하고 있는 월터. 월터는 같은 회사에서 일하는 셰릴을 좋아한다. 그녀를 만나고 싶었던 월터는 셰릴이 회원으로 있는 이성 매칭 사이트인 E-하모니에 가입한다. 오랫동안 망설인 끝에 이윽고 월터가 셰릴에게 호감을 표시하는 의미로 '윙크'를 보냈을 때, 갑자기 시스템 오류로 전송이 실패했다는 메시지가 뜬다. 당황한 월터는 E-하모니 본사에 전화를 걸어 시스템 오류를 접수한다. 다음은 E-하모니의 토드가 월터의 신원을 확인하던 중, 가입 신청서 항목의 '특별한 경험' 부분을 작성하지 않았다고 월터에게 확인하는 장면이다.

토드

"

고객님은 '특별한 경험' 부분을
입력하지 않으셨습니다.

건너뛰어도 되잖아요.

월터

제가 답을 드리죠.
아무것도 건너뛰지 마세요.

토드

"

토드의 말은 월터에게 하는 충고이면서 동시에 우리에게 전하는 메시지이기도 하다. 인생에서 아무것도 건너뛰지 말 것. 우리가 만나는 경험은 게임에서 다음 스테이지로 가기 위해 풀어야 하는 퀘스트처럼 모두 의미가 있다. 당장에는 쓸모없어 보일지라도 말이다. 다음 스테이지에 가서야, 아! 그때 그 퀘스트를 해야 했는데… 하고 후회할 수도 있다. 게임은 다시 시작하면 되지만 인생에는 뒤로 가기 버튼이 없다. 엘리자베스 퀴블러 로스는 자신의 저서 《인생 수업》을 통해 살아가면서 만나는 고비 혹은 어려움은 우리가 인생이라는 학교에서 배워야 할 필수 과목이라고 말한다. 일부러 고통을 찾아다닐 이유는 없지만, 불현듯 찾아온 고통에 마냥 불행해하기보다는 그 안에서 무엇을 배울 수 있을 것인지에 집중하라는 의미다.

월터는 이때까지만 해도 살면서 '특별한 경험'이라고 할 만한 경험이 없어서 해당 칸을 비워놓았는지도 모른다. 어쩌면 그도 특별한 경험을 했던 순간이 있지만 어른이 되고 일상에 매몰되면서 생각나지 않는 것인지도 모를 일이다. 사실 '특별한 경험'이란 스스로 의미를 부여했기에 특별한 것일 수도 있다. 평범한 듯한 삶을 사는 우리에게 어떤 영화 같은 일이 일어나지 않았다고 해서 특별한 경험이 없었던 건 아니기 때문이다. 반복되는 일상을 특별하게 만드는 것은 사건 자체가 아니라, 우리의 마음가짐과 시선이다.

## 세상을 바라보라, 장애물을 넘고 벽을 허물라

아날로그 사진작가인 숀 오코넬이 사진 필름을 보냈다는데, 월터가 현상실을 아무리 뒤져도 숀이 보냈다는 필름 중에서 마지막 라이프 잡지의 표지가 될 25번째 필름을 찾을 수 없다. 현상실 직원인 헤르난도는 숀이 실수로 25번째 필름을 보내지 않았을지도 모른다고 말한다. 그 말에 월터는 벽에 붙어 있는 숀의 사진을 가만히 바라본다. 그런데 이상하게도 사진 속 숀이 자신을 향해 오라고 손짓하는 듯하다. 잠시 숀의 사진을 보던 월터가 갑자기 문을 박차고 나간다.

> *세상을 바라보라. 장애물을 넘고 벽을 허물라.*
> *더 가까이 서로를 알아가고 느껴라.*
> *그것이 바로 우리 인생의 목적이다.*
> *(라이프지의 모토)*

월터가 25번째 사진을 찾기 위해 걷는 복도 벽면에 라이프지의 이전 표지 이미지들이 붙어 있다. 인류가 처음으로 달에 로켓을 쏘아 보내는 순간, 거대한 파도를 타는 서퍼의 모습, 무하마드 알리의 챔피언 경기, 존 F. 케네디 대통령이나 존 레넌의 사진 등이다. 그리고 가장 마지막 표지에는 우주복을 입은 월터 사진 위로 '한 용감한 남자의 이야기'라는 부제가 걸려 있다. 월터가 문밖을 나서자 바닥에는 공항으로 가는 길을 따라 '세상을 바라보라', '장애물을 넘고 벽을 허물라'는 글자가 나타난다. '더 가까이 서로를 알아가고 느껴라'는 메시지는 그린란드로 가는 비행기에 올라 탄 월터의 좌석 뒤편의 벽에 붙어 있다. 활주로에 나타난 '그것이 바로 우리 인생의 목적이다'라는 메시지를 끝으로 비행기가 이륙한다. 마치 라이프지 표지에 있던 우주복 입은 월터가 우주로 출격하는 듯하다. 대사 하나 나오지 않는 약 2분 동안의 이 장면을 전후로 월터의 인생이 달라진다. 표지 속 우주복을 입은 월터의 모습은 물론 그의 상상이 만들어낸 이미지다. 그의 상상 속에서 월터는 '우주비행사 톰'이다. 하지만 기라성 같은 인물들과 함께 라이프지의 표지를 장식한 그의 모습이 마냥 엉뚱하지만은 않다. 누구에게나 '인생'의 주인공은 자기 자신이기 때문에.

월터가 달라진 이유는 용감해지는 약을 먹었거나 마법사가 주문을 외워주어서가 아니라, 그가 그렇게 하기로 마음먹었기 때문이다. 성인이 된 이후 직장 생활을 하면서 사용하지 않게 되었던, 월터가 원래 가지고 있던 모험심과 용기, 창조성 덕분이다. 그가 때때로 멍 때리며 상상하던 장면들은 사실 그의 마음속을 비추는 거울이었던 셈이다. 우리도 마찬가지다. 자신의 모습이 마음에 들지 않아서 다른 모습을 꿈꾸고 바라고 있다면, 이미 자신 안에 그 모습들이 있기 때문이다. 자신 안에 한 조각도 없는 것을 원하기란 불가능하다. 우리 안의 조각들은 때로는 불평과 불만의 옷을 입고 마음을 두드린다. 무엇이 훼손되고 결핍되었다고 느끼는가? 불평과 불만 속에서 우리가 진짜 원하는 것은 무엇일까? 장애물을 넘고 벽을 허물어 세상을 바라보자. 그리고 그에 앞서 우리 자신을 먼저 알아보자.

## 순간에 머무르다

월터는 잃어버린 25번째 필름을 찾기 위해 숀을 찾아 나선다. 숀은 필름을 고수하는 사진작가답게 삶의 방식도 아날로그적이라서 휴대폰을 사용하지 않는다. 월터는 숀의 흔적을 따라 간신히 히말라야에 도착한다. 숀은 눈 쌓인 히말라야에서 카메라를 설치하고 눈표범을 기다리고 있다. 이윽고 눈표범이 나타났지만 숀은 바라만 볼 뿐 셔터를 누르지 않는다.

**월터**

언제 찍으실 거예요?

**숀**

가끔 안 찍을 때도 있어요. 정말 멋진 순간에… 나를 위해서…
이 순간을 망치고 싶지 않아서.
그냥 이 순간에 머물 뿐이죠. 바로 이 순간.

월터는 그런 숀을 이해할 수 없다. 하지만 눈표범이 지나간 후 숀과 함께 비탈을 내려가 원주민들과 축구를 하며 뛰어다니는 월터는 25번째 필름의 행방보다 지금 이 순간을 온전히 누리는 데 집중한 듯 보인다. 그의 생기 있는 눈빛이 그렇게 말한다.

지금 이 순간은 시시각각 계속해서 변한다. 사진으로 담기 위해 셔터를 누르는 순간, 눈에 담을 기회는 사라진다. 숀은 렌즈를 통해서 눈표범을 보는 것이 아니라, 온전히 두 눈으로 바라보는 것을 선택했다. 그리고 그 선택을 후회하지 않았다. 순간을 필름에 담는 행위가 현상된 사진을 볼 타인을 위한 것이라면, 셔터를 누르지 않고 그 순간에 온전히 머무르는 것은 자신을 위한 행위다. 희귀한 순간에 셔터를 누르지 않는 선택을 하기 위해서는 큰 용기가 필요하다. 순간을 필름에 담아서 타인에게 전달하는 사진작가 숀은 자신을 위해 사진을 찍지 않기로 선택할 수 있는 용기를 가졌다. 숀은 자신을 위할 때를 아는 사람이다. 그는 우리에게 결과를 위해 과정에서 누릴 수 있는 기쁨을 포기하고 있지는 않은지 묻는다. 미래를 위해 현재를 희생하지 말라고 말한다. 그리고 이 순간 무엇을 선택하고 무엇을 포기할 것인지 결정할 용기를 내라고 권한다.

## 상상은 이미 존재하고 있는 현실이다

라이프지의 전속 사진작가인 숀은 아날로그 방식을 고집한다. 이번에도 라이프지에 실릴 사진들을 필름으로 보내왔다. 그중 25번째 사진은 삶의 정수를 담고 있기 때문에 표지가 되기를 바란다고 숀이 월터에게 보낸 편지에 적혀 있었다.

> **테드**
> 사진작가 숀 오코넬이 보낸 25번째 필름은 삶의 본질을 담은 것이라 하니 아주 멋진 표지가 될 거라고 생각합니다. 본질로 가득 찬 그 사진. 자, 어디 있죠? 한 번 봅시다. 아, 우주비행사 톰? 사진이 어디 있죠?
>
> …지금 현상 중입니다.
> **월터**

영화 초반, 라이프지의 신임 이사 테드는 회사에서 멍 때리고 있는 월터를 보며 "우주비행사 톰? 들리나, 우주비행사 톰?"이라고 부른다. 비록 비꼬는 말이었지만 그는 월터에게서 우주비행사 톰을 보았다. 테드는 전체 회의 때도 월터를 우주비행사 톰이라고 부른다. 톰은 이 영화의 주제곡이라고 할 수 있는, 데이비드 보위가 작곡하고 부른 노래 〈Space Oddity〉에 나오는 가상의 주인공이다. 단순히 삽입된 곡이 아니라는 듯 영화에는 이 곡과 관련된 대사가 여러 번 등장하고, 월터에게 용기가 필요한 순간에 테마곡처럼 흘러나오기도 한다. 셰릴은 월터에게 "우주비행사 톰의 노래는 용기를 갖고 미지의 세계로 뻗어나가는 이야기예요"라고 말한다. 테드에 이어 셰릴도 월터를 우주비행사 톰으로 보고 있는 것이다.

월터가 스스로를 모르고 있을 때 누군가는 그 안의 또 다른 모습을 알아본다.

모두가 기대하고 있는 그 25번째 필름에 숀은 무엇을 담았을까? 무엇을 찍었기에 삶의 본질을 담았다고 말할까? 무엇이 되었든 그 필름에는 평소에 보지 못하는 특별하고 대단한 장면이 담겨 있을 거라고, 라이프 잡지사에서 근무하는 직원들과 영화를 보는 우리 모두는 기대한다. 그리고 영화가 끝날 무렵, 이윽고 25번째 필름의 정체가 밝혀질 때 번쩍이는 깨달음이 온다. 25번째 필름에는 월터가 언제나처럼 근무하던 모습이 담겨 있기 때문이다. 월터가 필름을 찾아 헤매며 그린란드와 아이슬란드에서 발견한 용기와 모험심, 창조성은 그의 평범해 보이는 매일의 업무에서 다른 방식으로 드러나고 있었다. 정적으로 보이는 현상실에서 필름을 확인하고 현상하는 모든 순간에도 월터는 그의 용기와 모험심, 창조성을 사용하고 있었다. 숀이 16년 동안 지켜본 월터는 그랬다. 숀이 필름 카메라를 고집하며 위험을 무릅쓰고 찍는 사진들은 그런 월터의 손에서 완성되었다.

이 영화에서 25번째 필름은 마치 파랑새와 같다. 파랑새를 찾아 헤매다가 결국 못 찾고 집에 돌아왔는데, 집 안 새장에 있었다고 하는 파랑새. 행복을 찾아다녔으나 행복은 정작 가까운 곳에 있었다는 메시지다. 이 영화에서는 되고 싶은 자아상에 대해서 말하고 있다. 우리는 때때로 누군가를 부러워하거나, 지금의 자신과 다른 모습이 되고 싶어 한다. 어쩌면 우리는 이미 내 안에 있는 모습을 발견하지 못하고 파랑새를 찾아 헤매는 중인지 모른다. 독일의 실존학자 하이데거가 말한 것처럼, 자신 안에 존재하지 않는 것은 원할 수 없다. 그러므로 월터의 상상은 다른 방식으로 존재하는 현실이다.

## 영화가 전하는 메시지

월터가 16년 동안 잡지사 라이프의 필름 부서에서 일하며 필름 현상 작업에 임했던 마음가짐은 평범해 보이지만 결코 평범하지 않았다. 숀은 라이프지 마지막 호의 표지가 될 필름을 보낼 때 월터에게 이렇게 편지를 썼다.

*이번 사진들은 복부에 총까지 맞아가며 찍었습니다.*
*그중 25번째 컷은 삶의 정수를 담은 것입니다.*
*저는 당신이 그 컷을 가장 잘 현상해주리라 생각합니다.*
*평소에도 그랬듯이.*
*(숀)*

숀은 25번째 컷에 삶의 정수를 담았다고 했다. 사전적으로 정수는 '뼛속에 있는 골수' 또는 '사물의 중심이 되는 골자'라는 뜻이다. 삶의 정수, 삶의 중심, 혹은 삶의 골자, 삶에서 불필요한 것을 하나씩 지워가면 마지막에 남을 무엇. 숀은 그것을 25번째 필름에 담았다고 했다. 필름을 찾으러 떠나는 월터에게 스펙터클한 모험이 펼쳐지지만, 표지에 실린 '인생의 정수'는 폭발하는 화산 앞에서의 모습도, 상어가 옆에서 돌진하는 바다

한가운데에서의 모습도, 눈표범을 목격한 순간의 모습도 아니었다. 그건 바로 월터가 회사 밖 분수대 앞에 앉아서 필름을 들고 들여다보는, 어쩌면 평범한 일상의 모습이었다. 16년 동안 숀이 월터와 대화를 나눈 시간은 얼마 되지 않지만, 그 순간 숀은 월터를 보았다. 월터가 어떤 사람인지, 어떤 마음으로 필름을 현상하는지, 그가 라이프지를 얼마나 사랑하는지. 영화는 삶의 정수가 무엇이라고 친절하게 설명해주지 않는다. 아마 영화를 보는 사람 수만큼의 해석과 정의가 있을 것이다.

숀이 월터를 위해 특별히 준비한 지갑에는 'THANK YOU FOR THE GREAT WORK'라는 글자가 음각되어 있었다. 월터가 인식하든 하지 않든 월터는 숀에게 고마운 존재다. 자신이 촬영한 필름을 온전히 현상해내는 월터 덕분에 그 안에 담긴 숀의 시간과 노력이 세상에 전해졌다. 대충하지 않는 월터의 성정을 숀은 누구보다 잘 알고 있었다. 그렇기 때문에 삶의 정수를 담은 25번째 필름에는 희귀한 눈표범도 커다란 화산 폭발도 아닌, 평범할지도 모를 한 직장인의 모습이 담기게 되었다. 어쩌면 우리의 하루하루가 25번째 필름 속 모습이 아닐까. 우리가 보내는 모든 시간에 우리 삶의 정수가 담긴다.

## 시간과 삶

월터가 일하는 건물 이름은 'TIME & LIFE BUILDING<sup>(시간과 삶의 빌</sup>

<sup>딩)</sup>'이다. 하루에 8시간 이상을 보내는 곳의 이름으로서 의미심장하다. 라이프지의 마지막 호 표지는 '평범한' 우리를 위로해준다. 평범한 삶이란 없다고, 지금 여기에서 우리의 삶을 충실하게 살아내는 그것이 바로 삶의 정수이지 않냐고 말한다.

숀이 삶의 정수라고 지칭한 25번째 사진은 월터의 특별한 순간을 찍은 게 아니었다. 월터는 늘 필름과 현상한 사진을 가지고 나와서 하늘에 비춰보곤 했다. 확대 렌즈를 가지고 자연광으로 사진을 보는 작업이다. 매일 반복하기에 특별한 것 없다고 생각하는 그 시간이 바로 우리의 삶을 이루는 정수이며 본질이다. 인생은 그런 순간들의 합이다.

?!

영화 〈월터의 상상은 현실이 된다〉에서
건져 올린 질문들

- 나의 '특별한 경험'은 무엇인가? 그것은 나에게 어떤 의미인가?

- 나에게 '삶의 정수'는 어떤 의미인가?

- 나에게 '인생의 목적'은 어떤 의미인가?

- 나에게 '편안함'은 어떤 의미인가?

- 나는 어떤 사람이 되고 싶고, 무엇을 하고 싶은가? 그것은 나에게 어떤 의미인가?

- 내가 가장 머무르고 싶은 순간은 언제인가?

- 나의 인생 모토는 무엇인가?

- 내가 지금 하는 일은 나에게 어떤 의미인가?

- 평범해 보이는 나의 일상을 특별하게 기억하려면 무엇이 필요한가?

내가 만든 질문

# CHAPTER 5. 마담 프루스트의 비밀정원

#기억의재해석 #기억의재구성 #트라우마극복

## Vis ta vie,
## 너의 인생을 살아라

# 마담 프루스트의 비밀정원

감독: 실뱅 쇼메
출연: 귀욤 고익스(폴/아틸라 마르셀), 앤 르 니(마담 프루스트),
    베르나데트 라퐁(애니 이모)
개봉: 2014.07.24. (재개봉: 2019.07.24.)
등급: 전체 관람가

**영화 줄거리**

폴은 어릴 적 부모를 여의고 말을 잃은 채 두 이모와 함께 살고 있다. 그는 아침마다 악몽을 꾸는데, 아버지가 자신의 얼굴에 대고 고함지르는 장면이었다. 왜 아버지는 자신에게 고함을 지르는지, 무슨 말을 하는지도 모르고 매일 같은 꿈을 꾼다. 어머니를 그리워하는 폴은 서랍 안에 어머니 사진을 모아났다. 어머니와 함께 찍힌 아버지는 오려서 버렸다. 폴의 이모들은 댄스 교습소를 운영하는데, 폴의 피아노 실력이 출중하자 그를 세계적인 피아니스트로 만들려고 한다. 하지만 33세의 폴은 무표정한 얼굴로 슈게트를 먹으며 피아노 연주를 하는 것이 일상의 전부였다. 그러던 어느 날, 폴은 우연히 이웃인 마담 프루스트의 집을 방문하게 된다. 그녀가 준 차와 마들렌을 먹고 폴은 과거로 여행을 떠난다. 너무 어린 시절의 일이라서 기억나지 않았지만, 상처라고 이름 붙여져 무의식의 방에 잠들어 있던 기억들을 차례로 만나며 재해석하고 재구성한다. 그리고 마침내 자신의 인생을 똑바로 바라보게 된다.

**이 영화를 선택한 이유**

우리의 기억은 정확하지 않다. 객관적이지도 않다. 그래서 편파적인 해석으로 고정된 경우가 많다. 그 당시에 느꼈던 감정으로 옷을 입은 기억은 왜곡되어 무의식 속에 숨어 있기도 하다. 이 무의식 속 트라우마는 사는 동안 2차, 3차 트라우마를 만들어내기도 한다. 영화 〈마담 프루스트의 비밀정원〉은 인생의 수면 아래를 헤엄치는 기억들이 때로는 아프고, 때로는 행복하게 수면 위로 올라오며 타인에 의해서 기억의 필름이 잘려 나가기도 한다고 말한다. 수면 아래의 기억은 때로는 독약처럼 때로는 진정제처럼 우리 삶에 나타나지만, 사실 이 모든 것은 기억 그 자체가 아닌 기억을 바라보는 우리의 감정과 해석에 달려 있다. 끔찍한 기억 속의 나를 위로하고 안아줄 수 있는 사람은 자신뿐이다.

## 멈춰 있는 시간

폴의 두 이모는 과거를 그리워하며 과거 속에서 사는 사람들이다. 집 안 곳곳에는 과거의 산물들이 즐비하다. 벽에 걸린 사진에는 루이 16세 시대에나 유행했을 법한 가발을 쓴 음악가가 근엄한 표정으로 내려다 보고 있다. 콘솔 위에 놓인 액자에는 폴의 어린 시절 사진이 들어 있다. 현재의 것은 없다. 피아노 위에는 베토벤의 반신상이 놓여 있다. 클래식 피아노를 연주하는 피아니스트가 되고자 연습하는 폴에게 고전은 중요하지만, 폴과 이모들이 살고 있는 집은 음침하고 어딘가 부자연스럽기만 하다. 이모들은 웃긴 일이 아닌데 큰 소리로 웃고, 기쁜 일이 없는데 늘 웃는 표정을 하고 있다. 그러나 눈은 웃고 있지 않아 기괴하다. 부자연스러운 표정과 어둠, 과거를 상징하는 장식품들은 모두 등장인물들의 내면을 나타낸다. 마음이 과거에 멈춰 있어 온전히 지금, 여기에서 살 수 없다.

폴은 매일 밤 악몽에 시달린다. 폴의 초점 없고 퀭한 눈은 어린 시절의 기억을 잃은 이유가 가장 크지만 수면 부족 탓도 있다. 폴이 매일 꾸는 악몽은 과거에 실제로 있었던 일이다. 유모차에 누운 아기 폴의 코앞에서 고함을 지르는 아버지의 핏발 선 얼굴. 폴은 매일 아침 좋지 않은 기분으로 잠에서 깨어난다. 폴은 아버지를 싫어한다. 자신이 왜 증오하는지도 모르는 채 마음속 깊은 곳에서부터 아버지를 거부한다. 그가 가지고 있는 어린 시절 사진에서 아버지는 모두 오려냈다. 부모님이 같이 찍은 사진은 늘 어머니만 있는 반쪽짜리이다.

사실 폴이 아버지를 미워하게 된 건 이모들 때문이다. 이모들은 폴이 자신의 아버지를 싫어하도록 유도했다. 이모들에게서 들은 아버지는 폭력적이고 나쁜 사람이었다. 폴의 기억이 멈춘 어린 시절 이후, 기억은 없이 증오의 감정만 남았다. 대신 폴은 늘 어머니를 그리워한다. 하지만 아무리 오려놓은 사진을 봐도 어머니와 함께였던 행복한 시절이 기억나지 않는다.

마담 프루스트의 차를 마시고 최면 상태에서 들여다본 기억은 폴이 알고 있는 것과 달랐다.

*네 엄마는 여기 있어. 네 기억의 뿌연 물속에.*
*기억은 물고기처럼 물속 깊숙이 숨어 있단다.*
*이게 연못 수면이라고 치자.*
*캄캄하고 평평해서 아무것도 안 사는 것 같지.*
*네가 낚시꾼이라면 기억들이 좋아할 만한 미끼를 던져야지.*
*그러면 수면 밑에서 뭔가 움직이는 게 보일 거야.*
*그럼 낚싯줄을 던져서, 짠!*
*(마담 프루스트)*

폴의 어머니 아니타와 아버지 아틸라는 과격한 분위기를 조성하기는 했지만 분명히 서로 사랑했다. 육체적 사랑을 나누는 부모님의 모습이 두 살 아이의 눈에는 폭력적인 이미지로 보였다. 하지만 그때의 기억을 마주하고 해석하는 지금의 폴은 성인이다. 이제는 그 기억 속 아버지가 어머니에게 폭력을 행사하는 게 아니라는 것을 안다. 부모님은 서로 사랑하고 있었다.

어쩌면 기억은 스스로가 해석하고 소화할 수 있을 때까지 자신을 보호하기 위해 수면 밑으로 가라앉는지도 모른다. 기억을 잃는 것으로 그리고 말을 하지 않는 것으로 슬픔을 외면하며, 폴은 30년 동안 스스로를 보호하고 있었다. 하지만 삶의 단편만 끌어안을 수는 없다. 불행한 순간을 외면하자 행복했던 시간도 폴의 삶에서 완전히 자취를 감췄다. 이유도 모르는 채 폴은 웃음기 없는 삶을 살았다. "행복이란 우리 인생에서 만나는 모든 것"이라고 했던 《꾸뻬 씨의 행복 여행》에 나오는 노승의 말과 겹친다. 언제까지나 멈춘 시계로 살 수는 없다. 삶의 어두운 면인 슬픔과 분노, 두려움을 인정할 때 비로소 삶의 기쁨과 감동이 회복된다. 온전히 슬퍼할 수 있는 사람만이 마음껏 기뻐할 수 있다. 뇌 손상으로 인한 것이 아니라면 우리는 모든 감정을 펼치고 온전히 삶을 살아야 할 의무가 있다.


## 타인의 삶에 개입한다는 것

영화는 소설가 마르셀 프루스트의 말로 시작한다.

*기억은 일종의 약국이나 실험실과 유사하다.*
*아무렇게나 내민 손에 어떤 때는 진정제가*
*때론 독약이 잡히기도 한다.*
*(마르셀 프루스트)*

마담 프루스트를 만나기 전까지 폴의 일상에서 부모님과 관련된 옛 기억은 대체로 독약이었다. 늘 악몽으로만 만날 수 있었다. 두 이모는 의도적으로 폴에게 부모님에 대한 이야기를 삭제했다. 기억이 일종의 약국이나 실험실이라면, 이모들은 일부러 특정 약품을 안 보이는 곳에 숨겨놓았다. 부모님에 대한 기억은 인생이라는 실험에 꼭 필요한 약이었는데도 말이다. 그래서 폴의 얼굴에는 나사가 하나 빠진 듯, 혹은 영혼이 빠져나간 듯 아무런 표정이 없다. 눈에도 초점이 없다. 그런 의미에서 폴은 마담 프루스트를 만나기 전까지 평생을 독약에 노출되어 있었다고 할 수 있다. 같은 아파트에 사는 마담 프루스트를 우연히 만나 봉인되어 있던 기억의 문을 열어가며 폴의 기억은 진정제의 역할을 찾아간다.

어떤 기억은 독약이 되고 어떤 기억은 진정제가 되는 이유가 뭘까? 그것은 사건을 바라보는 주체의 감정과 해석이 작용하기 때문이다. 기억은 해석이기에 왜곡될 수 있다. 특히 어린 시절의 기억은 보호자의 의도적인 개입으로 쉽게 변질될 수 있다. 특정 인물에 대해 계속 안 좋은 방향으로 말을 듣고, 없던 일을 만들거나 있던 일을 없애는 방식으로 말이다.

이모들과 마찬가지로 마담 프루스트도 폴의 인생에 개입했다. 차이가 있다면 이모들은 폴의 의사를 묻지 않았고 마담 프루스트는 물었다는 것에 있다. 처음에 폴의 눈을 보고 그의 상태를 알아차린 마담 프루스트가 먼저 기억을 볼 것을 권했다. 폴은 거절할 수도, 받아들일 수도 있었다. 폴은 용기 내서 자신의 의지로 과거의 기억을 보는 것을 선택했고 비용을 지불했다. 마담 프루스트는 그에 상응하는 것을 내어주었다.

타인의 인생에 개입할 때 그것이 누구를 위한 것인지 냉정하게 판단해야 한다. 폴의 이모들도 실은 알고 있었을 것이다. 폴의 기억에 관여했던 것은 그가 아닌 자신들을 위한 것이었음을. 이모들은 폴을 세계적인 피아니스트로 만들고 싶어 했다. 부모의 죽음이 피아노와 관련 있다는 것을 폴이 알게 되면 피아노를 치려고 하지 않을 테니, 결국 폴에게 숨길 수밖에 없었다. 스스로를 위하는 선택이 잘못된 건 아니다. 다만, 자신을 위한 선택이면서 상대를 위한다고 말하는 그 태도가 틀렸다는 것이다. 그것은 위선이다.

누군가의 인생에 개입할 때 신중해야 하는 이유는, 개입한 후에 겪어야 하는 모든 결과를 책임질 수 없기 때문이다. 이후의 삶은 당사자가 감당해야 하기에 결과가 뻔히 보이더라도 제삼자는 기다리고 참는 수밖에 없다. 그리고 좋든 싫든 개입한 사람은 대가를 치르게 된다. 마음을 계속 쓰게 되고, 마음을 쓰면 에너지가 지속적으로 흐른다. 때로는 당사자를 위한 것인지 자신을 위한 것인지 헷갈리는 경우도 있다. 그를 통해 나를 투사하고 개입하는 일을 경계해야 한다. 타인을 돕는 행위는 대부분 자신의 내면아이와 연결되어 있다. 그러므로 개입의 목적을 확실히 아는 것이 중요하다. 상대를 위한 의도가 확실하다면 먼저 당사자의 허락을 구한 후, 존중이 담긴 자세로 목적에 맞게 개입해야 한다.


## 일그러진 사랑

두 이모는 일그러진 애정일지언정 폴을 사랑한다. 폴도 그 사실을 알고 있다. 하지만 그들은 폴을 성인, 한 존재로 대하지 않았다. 보호해야 하는 어린아이, 혹은 소유물로 대한다. 두 이모는 천재적인 피아노 연주 실력을 가지고 태어난 여동생 아니타를 폴의 아버지 아틸라에게 빼앗겼다고 여겼다. 자신들에게는 없는 그 재능을 가지고도 피아니스트가 되지 않겠다는 아니타의 결정이 맘에 들지 않았다. 그래서 아니타의 아들이며 뛰어난 피아노 연주의 재능까지 이어받은 폴마저 갑자기 어디서 나타났는 지도 모를 마담 프루스트에게 **뺏길** 수는 없다고 생각한다.

폴의 두 이모

> 폴을 우리한테서 뺏어가려고?
> 당신은 미쳤어!
> 당신은 가질 수 없어!
> 그 앤 우리 거야!

부모를 너무 일찍 잃은 폴을 위하는 마음으로 두 이모는 폴이 알아야 했을 부모에 대한 것들을 숨겼다. 여린 마음이 상처받지 않게 하려는 조치였을 것이다. 폴이 두 살 때, 부실공사로 인해 위층 천장에서 떨어진 피아노에 깔려 부모는 폴의 눈앞에서 죽었다. 그 피아노를 폴이 30년 동안 치고 있었다. 자신이 매일 치는 그 피아노에 어떤 사연이 있는지도 모르는 채. 이모들은 피아노에 재능이 있는 폴을 세계적인 피아니스트로 만들려 고 한다. 이모들이 폴에게 사고에 대해 말하지 않는 것은 과연 누구를 위 한 행동일까? 폴이 사실을 알게 되면 피아노를 더 이상 치지 않을까 봐 말하지 않은 것은 아니었을까? 결국 폴의 피아노 연주는 그의 눈빛처럼 공허하며, 폴은 상자 안에 들어 있는 것처럼 한정된 공간을 맴돈다. 세계적인 피아니스트가 되기 위해 매년 콩쿠르에 나가는 33세의 폴은 이모들이 운영하는 댄스교습소에서 매일 공허한 눈으로 피아노 반주를 한다. 피아노 위에 올려놓은 슈게트를 하나씩 집어 먹으며.

한 사람의 인생에 얼마나 많은 변수가 있을 수 있는지 다시 한번 생각한다. 긍정적인 의도가 늘 긍정적인 결과를 가져오지 않을 수 있다는 것과 '긍정적인 의도는 누구에게 긍정적인가?' 하는 의문도 떠오른다. 그리고 그 의도가 가져오는 결과에 대한 책임을 누가 질 수 있는지에 대한 질문으로 이어진다. 자신이 하는 어떤 행위의 결과와 그로 인해 생기는 파급에 대해서도 곱씹어봐야 한다. 소유를 사랑이라고 착각하는 마음은 괴롭다. 내 것이라고 생각하는 그것을 지켜야 하니까 늘 조바심이 난다. 소유를 주장하는 이에게 상대방은 더 이상 존재가 아닌 대상이 된다. 사랑하고 있다면, 그렇게 생각한다면 자신이 사랑하는 존재의 자유와 의지를 존중하고 있는지 살펴볼 필요가 있다.

## 집착하는 것

폴의 집에 작은 파티가 열렸다. 폴은 피아노를 치고 있다. 한 소년이 폴의 피아노 위에 있는 접시에서 마지막 남은 '슈게트'를 집어먹는다. 그때 폴이 자리에서 벌떡 일어나 이모들과 소통하는 창구인 작은 칠판에 한 단어를 적고 밖으로 나간다. '슈게트!'

이모들과 살면서 그 무엇도 주장하지 않고 기계처럼 시간표에 맞춰 사는 폴에게 프랑스식 구운 과자 슈게트는 마치 아기들의 공갈 젖꼭지와도 같다. 폴은 슈게트가 떨어지면 지체 없이 자리를 박차고 일어나서 빵 가게로 향한다. 어떤 상황이든 누구와 있든 무조건. 폴에게 슈게트는 삶의 유일한 낙이자 없으면 불안해지는 것, 혹은 다 떨어지기 전에 채워놓아야 하는 무엇이다. 그의 인생에서 무엇인가 잘못되었다는 증거이다. 이런 과도한 집착은 결핍에서 온다. 그의 삶에 무엇이 결핍되었을까? 바로 잃어버린 기억이다. 폴이 그 사실을 아는지 모르는지 영화에 확실하게 나오지는 않는다. 하지만 무엇인가 비어 있는 듯 공허함을 느끼고 있는 것은 분명하다. 마담 프루스트의 비밀정원에 주기적으로 찾아가 수면 아래의 기억을 만나러 가는 것을 보면 알 수 있다. 그는 자신이 인식하지 못한 어떤 기억을 만나야 할 때가 왔음을 직감한다.

어쩌면 폴에게 슈게트는 잃어버린 어린 시절의 달콤한 기억이 아닐까. 마담 프루스트 덕분에 수면 아래의 기억들을 건져 올린 후, 폴은 더 이상 슈게트를 찾지 않는다. 그에게 더 이상 의도적으로 채워야 하는 달콤함이 필요 없어졌기 때문이다. 우리는 살면서 이성적이지 않은 어떤 집착을 발견한다. 생필품이나 사치품 중 하나일 수도 있고, 애착이 담긴 어린 시절의 물건일 수도 있다. 물건이 아니라 동물 혹은 사람인 경우도 있다. 의식할 수도, 의식하지 못할 수도 있다. 무리 없이 일상을 살고 있다고 생각하는 중에도 집착의 징후가 나타날 수 있다. 주위를 둘러보고 자신의 집중을 과도하게 빼앗고 있는 것이 무엇인지, 그것의 유무가 자신에게 어떤 영향을 끼치는지, 그 이유는 무엇인지 곰곰이 생각해보면 좋겠다.

## 회복

자유로운 영혼이었던 아틸라 마르셀은 폴에게 어떤 아버지가 되고 싶었을까? 아이 요람 가까이에서도 담배를 꺼내 물던 철없는 아버지였지만, 그의 눈에는 분명 사랑이 담겨 있었다. 폴은 마담 프루스트의 정원에서 차를 마시고 떠난 기억 여행을 통해 분명히 보았다. 폴의 눈앞에서 사고로 죽기 직전, 아틸라가 어린 폴에게 사랑 가득한 눈빛으로 "사랑한다. 아들아!"라고 말하는 것을.

자유로운 영혼이었던 아틸라가 대형 포스터를 보며 꿈꾸던 그곳, 그랜드캐니언에 폴이 도착했다. 폴은 기억 속에서 보았던 아버지와 같은 포즈로 광활한 그곳을 바라본다. 그토록 자유로운 영혼을 잠시 멈추어두고 포스터를 보는 것만으로 만족했던 아틸라의 뒷모습은 그 자체로 폴에 대한 사랑이었다. 아버지가 자신을 사랑했음을 깨닫고 폴은 잃었던 말을 되찾았다. 늘 악몽이었던 그 장면이 사실은 아버지의 사랑이었음을 깨닫자 폴의 멈췄던 시간이 제자리를 찾았다. 폴은 아버지 아틸라가 그토록 오고 싶어 했던 곳에 와 있다. 악몽 속에서 어린 폴이 누워 있던 유모차에는 이제 폴의 어린 딸이 누워 있다. 아이에게 "아빠"라고 말하는 폴의 표정이 편안해 보인다. 악몽 속 아버지의 모습은 자신에게 소리 지르는 것이 아니라, "아빠"라고 말하고 있었다는 것을 그는 이제 안다. 영화 내내 말이 없던, 말을 잃었던 폴이 처음으로 소리 내어 "아빠"라고 말한다. 그가 수면 아래 기억 속에서 아버지에게 가장 듣고 싶었던 말이다. 폴은 이제 왜곡된 기억을 바로잡고 그가 원하는 삶을 향해 나아간다.

> *나쁜 기억은 행복의 홍수 밑으로 보내버려.*
> *수도꼭지를 트는 일은 네 몫이란다.*
> *(마담 프루스트)*

마담 프루스트의 이 조언처럼 폴은 행복의 홍수 밑으로 나쁜 기억을 보낸다. 자신의 손으로 수도꼭지를 틀었다. 폴은 부모님을 죽인 원흉인 줄 모르고 피아노를 계속 쳐온 자신의 손 위로 피아노 뚜껑을 닫아 벌을 주고 부모님을 죽인 피아노를 응징한다. 습기로부터 절대적으로 보호해야 하는 피아노 현에 물을 주었다. 그런데 부모님 죽음의 흔적을 간직하고 있는 그 원수 같은 그랜드 피아노에서 꽃이 자라난다. 꽃이 만발한다. 폴이 과거와 화해하고 한 걸음 나아갔다는 증거다. 폴은 평생 걸어온 피아노의 길을 비폭력적으로 끊었고 피아노는 평화적으로 꽃을 피워냈다. 무표정한 베토벤 반신상도 더는 건반을 향하지 않는다. 마치 멈춰 있던 시간을 회복한 폴을 축하하듯, 꽃이 만발한 피아노를 바라보고 있다.

자신의 과거와 화해했다고 감사 인사를 하러 간 마담 프루스트의 무덤에서 마치 화답하듯 빗물이 우쿨렐레에 떨어져 화음을 낸다. 비폭력 시위를 하다가 박살이 난 마담 프루스트의 우쿨렐레를 수리한 폴은 이제 피아노가 아닌 우쿨렐레를 친다. 피아노 위에 걸터앉아서 우쿨렐레를 연주하고 가르친다. 과거의 기억과 화해한 후 피아노는 이제 그에게 불행의 원흉이 아니다. 그의 눈은 더는 공허하지 않다. 생기와 미소가 담겨 있다. 그는 이제 슈게트가 없다고 달려 나가지 않는다. 슈게트는 그의 유일한 낙이 아니다.

부실공사를 했던 아버지의 친구도 더 이상 숨거나 도망가지 않고 폴의 음악교실에서 우쿨렐레를 배운다. 편안해 보인다. 이제야 그는 친구 부부를 죽음으로 몰고 간 죄책감에서 벗어난 듯하다. 화난 얼굴로 왈츠와 미뉴에트를 고수하던 이모들은 이제 폴의 우쿨렐레 연주에 맞춰 자유로운 춤을 가르친다. 경직된 미소가 아닌 진짜 미소를 짓고 있다.

## 영화가 전하는 메시지

실뱅 쇼메 감독의 영화 〈마담 프루스트의 비밀정원〉에는 아름다운 색감의 동화 같은 영상이 가득하다. 영화를 한 장씩 넘기며 봐야 할 것 같은, 동화책 같은 미장센이 꿈처럼 펼쳐진다. 영화 포스터에 나온 것처럼 초록의 향연이다. 화면을 뚫고 마담 프루스트의 거실에서 키우는 작물과 흙 내음 혹은 마들렌 향이 금방이라도 솔솔 풍겨올 것만 같다. 영화가 끝난 후에도 귓가에 끊임없이 흐르는 듯한 느낌의 피아노곡은 마치 폴의 내면과도 같다. 영화 속에서 내내 말이 없는 폴, 하지만 그의 내면은 쉴 새 없이 떠도는 말들로 가득해 보인다.

영화는 마담 프루스트의 대사를 통해 관객에게 메시지를 전한다. 암에 걸려서 가발을 쓰고 생활했던 마담 프루스트는 죽어가는 환자가 아닌 온전한 자신으로 살려고 발버둥쳤다. 병에 걸려 잘려나갈 위기에 처한 공원의 큰 나무 앞에서 시위한 것도, 병에 걸렸을지언정 공원에서 뛰노는 아이들에게 그늘을 줄 수 있는 그 나무가 나무로서 자신의 생을 살기 원하는 마음이었을 것이다. 나무에게서 자신을 보았기 때문일 것이다. 자신도 타자에 의해 삶이 흔들리지 않기를 원한 만큼 폴을 그냥 두고 보기가 힘들었을 것이다. 폴에게 이모들의 삶도 그 무엇도 아닌, 너 자신의 인생을 살라고 말하는 그 마음은 자신에게 늘 향하는 주문이었을 것이다. 천장에 달린 크고 작은 거울들은 아파트 거실에서 키우는 작물에 빛을 공급하기 위한 장치이지만, 우울에 빠질 수 있는 마담 프루스트 자신을 향한 빛과 응원이기도 했다.

*Vis ta vie. 너의 인생을 살아라.*
*(마담 프루스트)*

만약에 마담 프루스트가 암에 걸리지 않았다면, 곧 죽는다는 것을 알지 못했다면, 그녀는 어떤 인생을 살았을까? 초연하게 지금, 여기에서 살수 있었을까? 어쩌면 병은 그 자체로 인간에게 위협이 되는 존재는 아닐지도 모르겠다. 영화 〈패치 아담스〉에서 주인공의 마지막 변론이 떠오른다. "왜 죽음을 인간답고 품위 있게 다루지 못합니까? 예의 바르고 유머 있게 다루지 못할까요? 죽음은 적이 아닙니다." 마담 프루스트는 알고 있었나 보다. 죽음이 적이 아니라는 것을, 지금 여기를 온전히 사는 것이 중요하다는 것을.

이 영화는 표면적으로는 폴의 잃어버린 기억을 찾는 형식이지만, 실은 등장인물들의 과거와 현재, 무의식과 의식, 셀프와 에고, 아니마와 아니무스의 통합으로 향하는 과정을 말하고 있다. 각각의 인물들은 폴의 내면을 의미한다. 충격을 감당할 수 없는 상태였던 폴은 이모들이 한 행동처럼 기억을 외면하며 자신을 보호한다. 그럼에도 불구하고 마음 한편에 떠도는 이유 모를 죄책감을 무시할 수 없다. 부실공사를 한 사람이 의미하는 죄책감은 폴의 마음 언저리를 오간다. 마담 프루스트는 폴에게 기억을 똑바로 보라고, 다른 해석이 있을 수 있다고 말하는 역할이다. 부모의 죽음을 목격하고 살아남은 아이가 죄책감과 충격, 공포를 딛고 현실을 똑바로 바라보게 되는 과정을 통해 영화는 마담 프루스트의 입을 빌려 말한다. 그럼에도 불구하고 너는 너의 인생을 살라고.

## 좋은 추억을 음악으로 저장하자

기억은 기록이 아니기에 사건 직후에 느낀 감정에 의해 해석되어 저장

된다. 어쩌면 우리가 사실이라고 알고 있는 많은 기억들이 실은 여러 방향으로 왜곡되어 있을지 모른다. 이미 일어난 일을 바꿀 수는 없지만, 그것을 바라보는 지금의 관점과 감정은 바꿀 수 있다. 겹치기도 하고 삭제되기도 하며 이리저리 휘어져 엉켜 있는 기억을 바로 보는 것, 그래서 그 기억과 동반되는 감정을 바로잡는 것. 과거의 그 일들이 나에게 어떤 의미인지, 지금 나에겐 어떤 감정이 올라오는지 살펴보는 시간이 필요하다. 마담 프루스트는 수면 아래에 있는 기억들을 낚아 올리는 미끼가 음악이라고 한다. 그렇다면 역으로, 좋은 기억들을 좋아하는 음악으로 포장해두는 것은 어떨까? 어느 힘든 시기에 비밀버튼을 누르듯 음악을 재생시키면, 생각지 못했던 좋은 추억을 음미할 수 있지 않을까?

?!

영화 〈마담 프루스트의 비밀정원〉에서
건져 올린 질문들

- 내 기억이 약국 혹은 실험실이라면 내 손에 잡히는 진정제는 무엇인가?
  그리고 독약은 무엇인가?

- 내 추억이 반응하는 음악은 무엇인가? 그 음악을 들으면 어떤 추억이 소환되는가?

- 내 무의식 속의 기억이 물고기라면 물고기를 잡기 위해 어떤 미끼를 주어야 할까?

- '나의 인생을 산다'는 것은 나에게 어떤 의미인가?

- 나에게 '기억'은 어떤 의미인가?

- 한 아이가 자기 자신으로 자라기 위해 무엇이 필요하다고 생각하는가?

- 내가 직면해야 하는 기억이 있다면 무엇인가?

- 나에게 '슈게트'가 있다면 무엇인가? 그것은 나에게 어떤 의미인가?

- 내가 원하는 삶은 어떤 모습인가?

---

내가 만든 질문

#이름의진짜의미 #본질의회복 #진짜원하는것

CHAPTER 6. 센과 치히로의 행방불명

이름의
진정한 의미

# 센과 치히로의 행방불명

감독: 미야자키 하야오
출연: 히이라기 루미(치히로/센 목소리), 이리노 미유(하쿠 목소리)
개봉: 2002.06.28. (재개봉: 2015.02.05.)
등급: 전체 관람가

### 영화 줄거리

어린 치히로는 부모님과 함께 차를 타고 새로 살 곳으로 떠나고 있다. 그때 길을 잘못 들었는지 치히로 가족이 탄 차가 산길로 접어들고, 차는 이상한 표정으로 웃는 석상 앞에 멈춰 선다. 석상 뒤로 이어진 어두운 터널을 통과해 나간 곳에는 낡은 건물들이 즐비하다. 음식 냄새를 따라 걸어가자 길가에 식당이 펼쳐지고, 부모님은 그곳에서 음식을 먹는다. 치히로가 다른 곳을 둘러보다가 돌아와 보니 부모님은 돼지로 변해 있었다. 당황한 치히로 앞에 소년 하쿠가 나타나 이곳은 인간 세상이 아님을 알려준다. 그리고 여기에서 살아남는 방법을 일러준다. 온천장의 주인인 마녀 유바바에게 일하게 해달라고 요청하고 꼭 계약을 하라는 것이었다. 하쿠의 충고대로 한 치히로는 자신의 이름을 잃고 '센'이라는 이름을 얻은 채 온천장에서 살아간다. 의지할 사람은 하쿠뿐이지만 하쿠도 곧 큰 상처를 입고 쓰러지는데…. 치히로는 하쿠를 살리고 부모님을 구해서 다시 인간 세상으로 무사히 돌아갈 수 있을까?

### 이 영화를 선택한 이유

모험을 떠나는 성장형 애니메이션에서는 주인공 신분이 공주나 왕자인 경우가 많다. 하지만 〈센과 치히로의 행방불명〉의 주인공 치히로는 평범한 열 살짜리 여자아이다. 치히로는 이상한 세상에 우연히 들어가 겪는 모험 중에 시기, 질투, 왜곡된 시선, 사랑, 우정과 같은 것들을 경험한다. 가볍게 볼 수도 있는 내용이지만 그 안에 담긴 인생의 중요한 의미들은 결코 가볍지 않다. 본질을 지켜내고 회복하는 과정을 통해 우리는 스스로를 어떻게 지킬 수 있는지, 서로에게 어떻게 도움이 될 수 있는지 깨달을 수 있다.

## 이름의 진짜 의미, 본질

　관객의 시선은 보통 영화 주인공의 감정을 따라가지만, 늘 그렇지는 않다. 각자 현재 처한 상황이나 집중하고 있는 이슈, 역할에 따라 주인공이 아닌 다른 인물에게 공감하고 감정 이입하는 경우도 많다. 〈센과 치히로의 행방불명〉에는 꽤 많은 등장인물이 나온다. 자신이 어떤 장면에서 누구의 감정을 따라가는지 탐색해보면 현재의 나를 알 수 있다. 때로는 나도 몰랐던 나를 발견하기도 한다.

　〈센과 치히로의 행방불명〉에서 중요한 키워드는 '이름'이다. 온천장의 주인인 마녀 유바바는 일하지 않는 자를 돼지로 만들어 도살하거나 굴뚝 속의 검댕으로 만들어 평생 어둠 속에서 고통받게 한다. 살아남기 위해 유바바의 밑에서 일하게 된 치히로는 이름을 빼앗기고 '센'이라는 이름을 대신 받는다. '치히로'라는 이름의 의미는 '천 길의 깊이', 즉 '헤아릴 수 없을 만큼 깊음'이다. 그래서 유바바가 처음에 치히로의 이름을 듣고는 "거한 이름을 가졌구나"라고 말한 것이었다. 반면 '센'은 숫자 천을 의미한다. 의미가 담긴 이름을 지우고 숫자를 부여한 행위는 치히로를 존재가 아닌, 언제든지 무엇으로든 대체할 수 있다는 의미이며, 온천장에서 일하는 수많은 역할 중 하나로 대하겠다는 의미와 같다.

치히로

"

어렸을 때 강에 빠진 적이 있었어.
그 강은 이미 메워지고 아파트가 세워졌대.
이제야 기억이 나.
그 강의 이름은 코하쿠.
하쿠, 너의 진짜 이름은 코하쿠 강이야.

내 진짜 이름은 '니기하야미 코하쿠누시'야!
나도 이제 기억났어.
치히로가 내 안으로 떨어졌던 일을….
넌 물에 빠진 신발을 붙잡으려고 했어.

하쿠

"

위의 대사처럼 치히로를 도와준 하쿠 역시 이름을 잃은 채 살아가고 있었다. 이름으로 표현되는 '존재의 의미'를 유바바에게 빼앗긴 이들은 점점 자신을 잃어간다. 과거의 기억도 희미해지고 목적을 잃은 목표만 남는다. 돼지가 된 치히로의 부모님은 자신이 인간이었음을 완전히 잊었다. 영화 속에는 가마 할아범도 등장한다. 가마 할아범이 치히로에게 준 편도 기차표는 그가 온천장에 올 때 사용하고 남은 표일 것이다. 돌아가야 하는 이유를 잊고 매일 고된 일을 하는 가마 할아범에게는 어떤 사연이 있을까? 그는 무엇을 잃어버렸을까? 무엇을 위해 유바바에게 왔을까? 가마 터에서 일한다고 해서 가마 할아범이라고 불리는 그의 진짜 이름은 무엇이고 어떤 뜻이 담겨 있을까?

우리도 가마 할아범과 다르지 않다. 어른이 되고 사회에서 역할을 맡아가며 진짜 이름을 잃어가고 있는 것은 아닐까. 명함이 생기고 직책으로 불리며, 마치 그 자리가 자신이라고 믿는다. 일을 시작할 때 가졌던 처음의 마음이 점점 희미해지다가 언젠가는 원래 없었던 것처럼 사라지기도 한다. 하쿠가 유바바의 제자로 들어와 마법을 배우려 했던 이유는 어쩌면 메워져 없어진 자신의 강을 회복하기 위해서였는지 모른다. 이름으로 표현된 우리의 진짜 의미와 본질을 어떻게 하면 지킬 수 있을지, 처음의 마음이 훼손되었다면 어떻게 회복할 수 있을지 스스로를 돌아봐야 한다.

## 진짜 소중한 것을 아는 지혜

아무도 관심을 보이지 않던 얼굴 없는 요괴 가오나시에게 치히로는 예의 바르게 인사하고 친절을 베푼다. 다른 뜻이 있어서가 아니었다. 치히로는 그에게 원하는 것이 없다. 필요한 것 이상을 가오나시가 주려고 해도 치히로는 받지 않는다. 그것을 지켜보는 다른 이들은 금을 준다고 해도 거부하는 치히로가 이상하기만 하다. 욕망을 건드려 원하는 것을 주고 잡아먹는 가오나시의 전략이 치히로에게는 통하지 않는다. 치히로는 다만 친구 하쿠를 살리고, 부모님과 무사히 인간 세상으로 돌아갈 수 있기를 바란다. 치히로가 원하는 것을 가오나시는 줄 수 없으므로 치히로를 잡아먹을 수 없다.

〈센과 치히로의 행방불명〉에 나오는 어른들은 욕망에 사로잡혀 진짜 소중한 것을 잃어버린다. 치히로의 부모님, 유바바, 그리고 온천장에서 일하는 이들이 그렇다. 소중한 것을 잊고 눈앞의 욕망만을 따르는 그들의 모습이 낯설지 않다. 치히로의 부모님은 눈앞의 음식에만 몰두하느라 치히로가 사라진 것도 모른다. 유바바는 가오나시가 만들어낸 가짜 금을 쌓아놓고는 흐뭇해하느라 하나뿐인 아들인 보가 사라진 것을 알아차리지 못한다. 가오나시가 가짜 금을 만들어내자 온천장의 직원들은 그의 환심을 사려고 아부한다. 온천장 영업시간도 아닌데 음식을 내오고 춤을 추며 잘 보이려 한다.

원하는 것을 얻지 못한 가오나시는 폭력적으로 돌변한다. 얼굴 없는 요괴 가오나시는 자신이 누구인지, 무엇을 진정으로 원하는지 모른다. 늘 외롭고 공허하다. 끝없는 갈증을 채우려 하지만 무엇으로도 채워지지 않는다. 그 과정에서 이용당하기도 하고 폭력적인 방식이 오가기도 한다. 가오나시는 존재의 의미가 없는 게 아니라 아직 찾지 못했을 뿐이다. 유바바의 쌍둥이 언니 제니바와 함께 살기로 했으니 아마도 그곳에서 건강하게 관계 맺는 법도 알게 되고 자신의 '존재'에 대한 의미를 찾을 수 있지 않을까. 그럴듯한 가짜가 아니라 시간과 공을 들여 자신이 할 수 있는 일을 하는 방법부터 배울 것이다. 그래서 물질이 오가는 관계가 아닌 마음이 오가는 관계가 무엇인지 알게 되면, 더는 얼굴 없는 요괴 가오나시가 아닌 가면 속 자신의 진짜 얼굴을 찾을 것이다.

가오나시는 현대인들을 대변한다. 많은 이들과 관계 맺고 살아가지만, 홀로 태어나 홀로 죽는 인간은 기본적으로 근본적 외로움과 공허함을 떠안고 있다. 그 공허함을 무분별한 관계와 물질로 채우려 한다. 과거 어느 때보다 풍요로운 지금, 오히려 사람들은 더 외롭다. 자신이 진짜로 원하는 것과 당장의 충동을 구분하지 못하고 타인과 건강하게 관계 맺는 방법을 모르는 가오나시는 지금 우리의 모습이기도 하다. 매 순간 지금, 여기에서 무엇이 중요한지, 그리고 나에게 소중한 것이 무엇인지 묻고 기억해야 한다.

## 존재를 회복하다

〈센과 치히로의 행방불명〉에는 용이 둘 나온다. 하나는 오물 신인 줄 알았던 할아버지 강의 신이고, 또 하나는 하쿠라고 알고 있던 '니기하야미 코하쿠누시'이다. 강의 신이 오물을 뒤집어쓰고 똥내를 풀풀 풍기며 무거운 몸을 이끌고 온천장에 들어오는 장면은 압권이다. 갓 지어온 밥도 악취로 인해 검게 타버릴 정도다. 치히로가 이 온천장에서 일하며 존재감을 처음으로 드러내는 장면이기도 하다. 치히로 덕분에 강의 신에게서 오물이 모두 쏟아지자, 새하얀 용의 몸에 하회탈 같은 얼굴로 변한 강의 신이 산타 할아버지처럼 '허허허' 웃으며 가볍게 날아간다. 강의 신의 몸에서 쏟아져 나온 오물은 자전거, 고물, 고철 등 모두 인간이 만들고 버린 생활용품들이다. 비본질이 제거되니 본질만 남은 존재는 가볍고 자유하다.

또 다른 강의 신인 하쿠는 인간이 도시를 개발하는 바람에 자신의 강을 잃었다. 강이 있던 자리에는 아파트가 들어섰다. 유바바의 말로는 순진한 용이 욕심이 많아서 자신에게 제자로 삼아달라며 들어왔다고 했지만, 하쿠는 단지 갈 곳이 없었는지도 모른다. 어쩌면 잃어버린 강을 되찾고 싶었던 것일 수도 있다. 치히로 덕분에 이름을 되찾은 어린 용 하쿠는 비늘이 벗겨지며 다시 인간의 모습인 하쿠가 된다.

치히로가 이름을 되찾았을 때는 별다른 외형의 변화가 생기지 않는다. 치히로는 하쿠의 도움을 받아 '센'이 자신의 진짜 이름이 아니라는 사실을 잊지 않도록 계속 의식을 잡고 있었다. 이름 그 자체가 중요하지는 않다. 이 작품에서 이름이 의미하는 것은 '존재의 진정한 의미'다. 자신이 누구인지를 기억하는 것. 강의 신은 이름을 찾은 건 아니었지만 치히로의 도움으로 자신의 것이 아니었던 오물을 뱉어내고 본래의 존재로 회복했다. 그리고 나서 치히로에게 남긴 선물이 '쓴 환'이다. 치히로 덕분에 이것을 먹은 하쿠는 자신을 오염시켰던 유바바의 벌레를 뱉어내고 본래의 존재로 회복한다. 가오나시도 이 환을 먹고 마음의 허기를 채우기 위해 먹은 가짜 위안들을 모두 토해낸다. 우리 존재의 진정한 의미는 무엇이고, 그것을 훼손시키는 것은 무엇인지 생각해볼 일이다. 그것이 무엇인지 알아차릴 수 있다면 사전에 차단하거나 나중에라도 제거할 수 있을 테니까.

## '안다'는 것의 의미

마녀 유바바는 위험한 인물이지만 하나뿐인 아들인 보에게는 사랑이 가득한 엄마다. 하지만 그 사랑은 왜곡되어 아들을 아무것도 하지 못하는 아기로만 보고 있다. 자신이 보고 싶은 대로만 보는 유바바는 생쥐로 변한 아들을 알아보지 못한다. 가오나시가 만들어놓은, 황금이라고 생각하고 애지중지하던 것도 제대로 보려고 마음먹으니 그제야 흙덩이로 보인다. 그런 유바바에게 하쿠는 이렇게 말한다.

*소중한 걸 잃고도 아직 모르겠습니까?*
*(하쿠)*

생쥐로 변한 보가 유바바의 눈앞에 있을 때, 유바바는 강력한 마법사인데도 보를 알아보지 못한다. '안다'는 것은 어떤 의미일까? 우리가 누군가를 안다고 할 때 그의 무엇을 아는 것일까? 나는 누구를 알고 누가 나를 알까? 어쩌면 우리는 '안다'는 단어를 남용하고 있는지도 모른다. '나는 너(혹은 나)를 알아'라는 말 대신 '나는 너(혹은 나)를 안다고 생각해'라고 말하는 게 더 정확할 것이다. 우리는 누군가를 알 수 없다. 그렇게 생각하는 내가 있을 뿐이다. 유바바는 자신을 모른다.

속이 텅 빈, 그래서 늘 외롭고 공허한 가오나시와 유바바는 닮았다. 유바바가 재물을 좋아하는 이유는 자신의 텅 빈 마음을 채우는 수단이기 때문이다. 하지만 그것으로 마음을 채울 수는 없다. 유바바가 모으는 그 재물로 무엇을 하고 싶은지는 영화에 나오지 않는다. 무엇을 위한 재물이 아니라 그저 공허한 마음을 채우는 방법일 뿐이다. 만약에 유바바가 자신의 내면을 온전히 볼 수 있었다면 그녀의 온천장은 어떤 모습이었을까? 유바바가 자신의 존재 의미를 건강하게 바라볼 수 있기를, 쌍둥이 자매 제니바와 잘 화해하기를, 온천장의 사람들과 건강하게 관계 맺기를 바란다.

## 영화가 전하는 메시지

영화 초반, 치히로 가족이 들어간 터널이 끝나자 차원을 이동한 듯 다른 분위기의 장소가 펼쳐진다. 오래된 기차역 대기실 같은 공간, 스테인드 글라스를 통과해 들어온 햇빛이 나른하다. 스테인드글라스는 원을 4등분한 문양인데 〈하울의 움직이는 성〉의 '차원 이동문' 손잡이처럼 생겼다. 마치 이곳을 나가면 인간 세상과 다른 차원이 나온다고 알려주는 듯하다. 들어오는 길은 분명 하나였는데, 치히로가 뒤를 돌아보니 터널 왼쪽과 오른쪽에도 같은 길이 나 있다. 세 개의 길. 신화 속 영웅의 모험이 펼쳐지는 듯하다. 마치 어떤 선택을 하겠냐고 묻는 것 같다.

〈센과 치히로의 행방불명〉에는 다양한 인물이 등장한다. 소심한 듯하지만 당찬 치히로는 자신에게 닥친 일들을 정정당당하게 해결하며 성장한다. 반면 치히로의 부모님은 돈이면 다 된다는 식의 태도를 가지고 있는 듯하다. 마녀 유바바의 제자이지만 치히로를 돕는 하쿠는 실은 강의 신으로 치히로가 어렸을 때 만난 적이 있다. 돈을 좋아하는 온천장의 주인인 마녀 유바바는 하나뿐인 아들 보를 과잉보호한다. 유바바의 쌍둥이 언니 제니바는 유바바와 사이가 좋지 않으며 멀리 떨어진 곳에서 소박하게 산다. 얼굴 없는 요괴 가오나시는 외로움 많고 건강한 관계를 맺는 방법을 모른다. 온천장의 제일 아래층에서 온천장의 물을 끓이는 일을 하는 가마 할아범은 늘 쉬지 않고 일하는 자신의 처지가 억울하다. 치히로의 사수가 되어 일을 알려주고 돕는 린은 돈을 모아 이곳을 떠나고 싶어한다.

〈센과 치히로의 행방불명〉에는 이처럼 다양한 모양의 욕망이 등장한다. 치히로의 부모님이 돼지가 된 것도 그 욕망의 결과다. 수많은 식당 중에서 한 곳에만 맛있는 냄새를 풍기며 음식이 내어져 있던 건 일종의 덫이었다. 식욕으로 표현된 인간의 다양한 욕망을 겨냥한 덫. 유바바는 재물을 원하고 가오나시는 관심을 원한다. 치히로는 부모님의 회복을 원하고 하쿠는 자신의 진짜 이름을 원한다. 이들의 욕망은 겉으로 보이는 것일 뿐, 그들이 진짜 원하는 것은 자신의 마음 깊은 곳에 있다. 영화는 여러 인물들을 통해 계속해서 우리에게 진정으로 원하는 게 무엇인지를 질문한다.

## 삶에서 가장 참된 것

우리는 '열심히 산다'는 말의 의미를 '비본질에 집중하는 것'으로 오해할 때가 많다. 결국 최선을 다해 삶을 일구는 것 같은데 뭔가 비어 있는 듯 공허하고, 이 방향이 맞는지 의문이 생긴다. 때론 우리 몸이 잠시 멈추고 잘 생각해보라는 의미로 브레이크를 대신 걸어주기도 한다.

잘 존재하기 위해서는 나의 눈을 가리고 존재의 진정한 의미를 볼 수 없게 만드는 것이 무엇인지, 제대로 보기 위해 무엇을 회복해야 하는지 아는 것이 필요하다. 진짜 원하는 것과 충동을 구분하는 것도 중요하다. 본질에 집중하는 것이 나에게 어떤 의미인지를 〈센과 치히로의 행방불명〉을 보면서 생각해보자. '삶에서 가장 참된 것은 만남'이라는 마르틴

부버의 말처럼, 참된 존재로서의 '나'와 잘 만나고, 소중한 존재로서의 '타인'과도 잘 만나기를, 그래서 우리가 온전한 본질로 존재할 수 있기를 바란다.

영화 〈센과 치히로의 행방불명〉에서
건져 올린 질문들

● 지금, 여기에서 나에게 가장 소중한 것이 무엇인가?

● 나에게 '건강한 관계'는 어떤 의미인가?

● 내가 진짜로 원하는 것은 무엇인가?

● 나에게 '회복'은 어떤 의미인가?

● 내가 회복해야 하는 것이 있다면 무엇인가?

● 나는 자유로운가? 그렇다면, 혹은 그렇지 않다면 어떤 이유에서인가?

● '잘 존재하는 것'은 나에게 어떤 의미인가?

● 내 상태를 비추는 '거울'은 나에게 무엇인가?

● 삶에서 느끼는 '갈증'이 있다면 무엇인가? 그것은 나에게 어떤 의미인가?

내가 만든 질문

#가족 #용기 #남들이보는나와진짜나 #의지

CHAPTER 7. 블라인드 사이드
꽃을 좋아하는 황소
페르디난드

# 블라인드 사이드

감독: 존 리 행콕

출연: 산드라 블록(리 앤 투오이), 퀸튼 아론(마이클 오어), 팀 맥그로
(션 투오이), 제이 헤드(SJ 투오이), 릴리 콜린스(콜린스 투오이)

개봉: 2010.04.15.

등급: 12세 관람가

### 영화 줄거리

독보적인 체격과 뛰어난 운동신경으로 '빅 마이크'라는 별명을 가진 마이클 오어는 약물중독에 걸린 엄마와 어렸을 때 강제로 헤어진 후, 여러 위탁 가정을 전전한다. 그러다 미식축구 코치의 눈에 들어 상류층들이 다니는 사립학교에 진학하지만 이전 학교의 기록에 있는 점수는 모두 기준 이하다. 마지막으로 머물던 집에서도 더 이상 있을 수 없게 된 마이클은 바깥을 서성이다 그나마 따뜻한 체육관으로 향한다. 가족들과 함께 집으로 가는 길에 마이클을 발견한 리 앤은 그를 집으로 데려오지만, 덩치가 산만 한 흑인 남자아이가 내심 불안하다. 하지만 리 앤과 가족들은 마이클과 함께 지내며 그의 순수한 심성을 알아가고, 마침내 그를 가족으로 받아들인다. 리 앤 가족의 도움으로 성적이 올라서 미식축구를 시작할 수 있게 되자 마이클은 타고난 체격과 운동신경으로 실력을 발휘하며 팀을 승리로 이끈다. 리 앤과 가족들은 마이클을 이제 법적으로도 가족으로 받아들이려고 하는데 주변의 시선이 곱지만은 않다.

### 이 영화를 선택한 이유

우리는 때로 타인의 편견에 편승해서 진짜 내가 아닌 모습으로 살아간다. 그리고 종종 남들이 기대하는 내 모습을 진짜 나로 착각한다. 다른 시선에 휘둘리지 않고 나의 길을 가려면 어떻게 해야 할까? 그 힌트를 실화 영화인 〈블라인드 사이드〉에서 찾아보자. 이용당하지 않고 온전히 자기 의지로 자신이 가진 힘과 능력을 사용하려면 어떻게 해야 하는지를 주인공 마이클을 통해 배울 수 있다. 그리고 누군가를 향한 사랑과 지지가 한 사람의 인생을 얼마나 풍요롭고 건강하게 하는지도 알 수 있다. 도미노처럼 밀려오는 부정적인 에너지를 내 선에서 중단하고 긍정으로 전환하는 방법에 대해서 생각해보자.

## 기적이 시작되는 곳

추수 감사절 전날 저녁, 집에 돌아오는 길에 리 앤은 터벅터벅 걷고 있는 마이클 오어를 보게 된다. 추운 날씨에 방금 코인빨래방에서 세탁하고 제대로 건조하지 않아, 젖은 반소매 티를 입고 걷고 있는 마이클이 오들오들 떨고 있다. 리 앤은 마이클이 자신의 아이들과 같은 학교에 다니는 것을 알고 있다. 평소에도 어려운 이들을 그냥 지나치지 못하는 성격이었던 그녀는 잘 곳이 없어 체육관으로 향하는 마이클을 그냥 지나칠 수가 없다.

리 앤

> (마이클에게) 잘 데는 있니?
> 이리 와. 우리 집으로 가자.

션
(리 앤의 남편)

> 너희 엄마 또 시작이구나.
> 저 고집 못 말리지.

마이클의 내면을 가장 먼저 알아본 사람 역시 리 앤이었다. 덩치 큰 흑인 청소년인 마이클을 데리고 집에 와서 잠을 재운 다음 날 아침, 리 앤은 혹여나 무엇이 없어지지는 않았을까 걱정하며 마이클이 자고 있던 1층 거실로 내려온다. 리 앤의 걱정이 무색하게 마이클이 잠들었던 거실 소파 위에는 가지런히 정리된 침구가 놓여 있다. 곧 식사 시간이 되었고, 가족들은 추수 감사절 음식을 각자의 접시에 먹을 만큼 덜어서 텔레비전 앞 소파에 앉는다. 마이클은 접시에 음식을 덜어서 혼자 식탁에 앉아 조용히 먹기 시작한다.

그때 리 앤의 마음속 잠금장치가 풀린다. 리 앤은 살며시 미소를 짓더니 텔레비전을 끄고 식탁으로 온 가족을 부른다. 그리고 서로의 손을 잡고 기도한 후 함께 식사한다. 마이클에게 잠자리를 정리하는 것, 식탁에 앉아서 식사하는 것은 아주 기본적인 예절이었다. 잠자리를 허락해준 사람에게 그리고 식사를 준비해준 이에게 향하는 의식하지 않은 기본적인 마이클의 습관. 어쩌면 그냥 넘어갔을 수도 있는 그 작은 행동에서 리 앤은 마이클의 바른 심성을 알아보았다. 여느 때와 다름없었을 리 앤 가족의 추수 감사절이 조금 더 따뜻해졌다.

이웃의 아픔을 외면하지 않는 따뜻한 마음과 건네준 손을 잡는 용기가 기적을 만든다. 도움은 양방향이다. 주는 이가 있고 받는 이가 있어야 성립된다. 아무리 주고 싶어도 받아주지 않는다면 불가능하다. 마이클이 리 앤의 호의를 거절하고 체육관으로 향했다면 리 앤의 마음은 저녁 내내, 어쩌면 그보다 더 오랫동안 불편했을 것이다. 마이클은 도움을 감사히 받는 것으로 리 앤의 마음을 편안하게 해주었다. 세상의 모든 주고받음이 그렇다. 그러니 도움을 주었다고 으쓱할 것이 아니며 도움을 받았다고 의기소침할 일도 아니다.

## 꽃을 좋아하는 황소 페르디난드

리 앤 가족과 마이클이 서점에 들렀던 날, 집에 돌아온 리 앤은 마이클과 SJ에게 그림책 《꽃을 좋아하는 소 페르디난드》를 읽어준다. 막내인 SJ는 아직 어리지만 마이클은 고등학생이다. 엄마가 그림책을 읽어준 적이한 번도 없다는 마이클의 말을 들은 리 앤이 침대에 앉아서 그림책을 펼친다. 그림책을 읽는 리 앤의 옆에 SJ와 함께 비스듬히 누운 마이클은 덩치만 큰 어린아이 같다. 복도에 앉아서 가만히 듣고 있는 콜린스<sup>(리 앤의 딸)</sup>의 입가에 잔잔한 미소가 담긴다.

*먼 옛날 스페인에 어린 황소가 있었어요.*
*이름은 페르디난드.*
*다른 황소들은 이리저리 날뛰고 박치기를 해댔지만*
*페르디난드는 달랐죠.*
*가만히 앉아서 꽃향기 맡기를 좋아했죠. (중략)*
*온종일 나무 그늘에서 꽃향기를 맡았어요.*
*(리 앤이 읽어준 《꽃을 좋아하는 소 페르디난드》 중에서)*

영화 〈블라인드 사이드〉는 그림책 《꽃을 좋아하는 소 페르디난드》의 실사판 같다. 마이클과 함께 지내며 리 앤은 마이클이 '황소 페르디난드'라는 것을 알게 된다. 투우를 위해 길러지고 훈련되는 사납고 덩치 큰 황소들 사이에서 유독 꽃을 좋아하는 평화주의자 페르디난드. 흥분해서 위협적으로 달려드는 황소라면 망토를 휘두르며 흥분시키고 등에 수많은 창을 꽂을 수 있을 텐데, 투우사들이 뽐내며 페르디난드의 등에 화려한 창을 꽂고 싶어도 구석에 앉아서 킁킁거리며 꽃향기만 맡는 페르디난드에게는 그럴 수 없다. 그것은 더 이상 투우가 아니니까.

## 의지와 선택

다운타운의 덩치 큰 흑인 남자아이 마이클을 향한 시선에는 흔한 편견이 담겨 있다. '난폭하고 불량할 것이다'라는 것. 하지만 마이클은 합법적으로 과격해도 되는 미식축구 훈련에서조차 누군가가 자신 때문에 다칠까 봐 힘을 사용하지 않고 조심한다. 자신의 거구가 누군가를 해칠 무기가 될 수 있다는 것을 알기 때문이다. 코치는 리 앤의 "마이클은 황소 페르디난드니까"라는 말이 무슨 뜻인지 아직 몰랐다.

미식축구팀
코치

"불우하게 자란 아이들은 폭력 성향이 있어서
경기장에서 거칠어지던데,
저 녀석은 힘센 자기 때문에 누가 다칠까 봐 겁을 내.

마이클은 황소 페르디난드니까.

리 앤

마이클이 자란 다운타운은 폭력, 마약, 총이 손닿는 곳 가까이에 있다. 마이클의 어머니는 마약중독에 빠졌고 보호당국은 아이들을 어머니로부터 분리했다. 마이클은 위탁가정을 전전해야 했다. 그럼에도 마이클은 세간의 시선을 비웃듯 바른 심성을 가지고 폭력과 분쟁을 싫어하는 평화주의자로 자란다. 온통 싸움을 좋아하는 덩치 큰 황소들 사이에서 꽃을 좋아하기란 쉽지 않다. 게다가 황소 페르디난드는 힘도 세고 덩치도 크다. 힘을 가진 이가 그 힘을 알고 있으면서 사용하지 않기란 더욱 쉽지 않다.

마음에 들지 않는 일이 생겼을 때 외부에서 그 원인을 찾기란 쉽다. '무엇 때문에', '그것만 아니었어도'라고 생각하며 주위를 둘러보면 세상엔 불공평한 것투성이다. 어쩌면 황소 페르디난드 주위에도 꽃을 좋아하는 황소가 더 있었을지도 모른다. 그들은 싸우라고 종용받고, 주위를 둘러봐도 치고받고 싸우는 소뿐이니 결국 그 흐름에 편승했을 것이다. 하지만 황소로 태어나 주위에 싸우는 소뿐이어도 꽃을 좋아하면 꽃 가까이에서 향기를 맡는 선택을 할 수도 있다. 황소 페르디난드가 그랬던 것처럼.

영화에서 분명 리 앤 가족의 선행을 드러내려는 연출이 있다. 실제보다 마이클의 상황을 더 불우하게 설정한 것도 맞다. 실제와 영화에서 마이클이 리 앤 가족의 도움을 받은 것은 맞지만, 스스로 자신의 길을 선택하고 결정하며 환경에 휘둘리지 않았던 건 마이클 본인의 의지 없이는 설명할 수 없다.

## 용기 내지 않은 대가

마이클이 마지막 에세이를 쓰기 전, 가정교사인 수 선생님과 글감을 고르고 있다. 알프레드 테니슨의 시 〈경기병 여단의 돌격〉은 어떠냐고 말하자, 듣고 있던 션(리 앤의 남편)이 시를 읊기 시작한다. 마이클이 '6백 명 중 단 1명도 포기나 항복을 생각하지 않았을까?'라고 쓸 때 마이클이 한 무리를 지나가는 장면이 오버랩된다. 그 무리 중 한 명이 마이클의 친구 데이비드이다. 마이클은 멈추지 않고 그들을 지나쳐서 자신의 길을 간다.

그리고 그들은 지나간 마이클의 뒷모습을 바라본다.

**션**

"

진격하라! 진격하라!
죽음의 계곡으로 6백 병사 달려가네.
진격하라, 경기병대!
적의 대포를 공격하라!
죽음의 계곡으로 6백 병사 달려가네.
진격하라, 경기병대. 두려운 자 있는가?
잘못을 알고도 누구 하나 동요 않네.

잘못인 걸 알면서 왜 명령을 따랐을까요?
다 죽는 거죠? 너무 슬픈 얘기네요.

**마이클**

"

데이비드는 성적 미달로 대학 풋볼팀에서 떨어져 양아치 무리에 합류했다. 그가 만약 용기를 내어 무리에서 나오고 성적을 향상시켜 대학팀 풋볼 선수로 계속 활동했다면 어땠을까? 그랬다면 데이비드는 영화 말미에 리 앤이 읽는 신문 기사 속 갱단의 총에 맞아 죽은 인물로 나오는 것이 아니라, 힘들었던 과거를 극복한 풋볼 선수로 등장했을지도 모른다. 하지만 데이비드는 아니라고 생각하면서도 죽음을 향해 달려가는 경기병대 병사들처럼 앞으로 진격했다.

데이비드가 이 길이 자신이 원하던 길이 아님을 알았다는 걸 암시하는 영화 속 근거는 두 가지다. 첫 번째는 데이비드가 등장하는 몇 안 되는 모든 장면에서 그의 표정이 늘 슬프고 후회 가득했다는 것이다. 그는 양아치 무리와 함께 있는 그 상황을 전혀 즐기고 있지 않았고, 보이지 않는 목줄이 감긴 듯 끌려다니고 있었다. 두 번째는 풋볼 선수가 된 마이클을 바라보는 데이비드의 눈빛이 클로즈업되었을 때다. 그 눈빛은 여러 의미를 담고 있다. 후회, 질투, 부러움, 좌절감 등이 뒤섞인 묘한 시선이었다.

거대한 흐름을 거스르며 멈추기란 쉽지 않다. 자신이 속해 있는 집단의 기대를 무시하고 소신을 지키는 일은 성인에게도 버겁다. 청소년기에는 더더욱 힘들게 느껴질 수 있다. 잘못인 줄 알면서도 또래 집단의 테두리를 벗어나는 것은 개인의 의지만으로는 어렵다. 그럼에도 불구하고 강한 의지로 잘못된 흐름을 벗어나는 사람 주위에는 그를 전적으로 믿고 사랑하는 어른이 한 명 이상 있다. 만일 데이비드 곁에 리 앤과 같은 어른이 단 한 명만이라도 있었다면 어쩌면 그의 마지막이 달랐을지도 모른다는 씁쓸함이 밀려온다.

## 변환자로의 삶

리 앤 가족이 머무는 동네와는 공기 색깔마저 다르게 느껴지는 곳, 대낮에도 외부인은 진입하기를 꺼리는 그곳에서 마이클이 살았다. 그가 살던 동네 허트 빌리지에 다녀온 후 리 앤이 마이클에게 묻는다.

리앤

"

안 물으려고 했는데,
거기서 어떻게 견뎌낸 거니?

어렸을 때 나쁜 일이 생기면 엄마가 눈을 감으라고 했어요.
마약 하는 것 같은 나쁜 짓을 못 보게 했어요.
다 끝나고 나서 나쁜 일이 지나가면 엄마가 말했어요.
"셋 세면 눈을 떠. 힘든 일은 지나갔어.
세상은 좋은 곳이야. 다 잘될 거야."

마이클

"

길이 보이지 않을 때 마이클은 눈을 감는 선택을 했다. 마이클의 엄마는 아이들을 낳기만 하고 돌보지는 않았지만, 그녀가 할 수 있는 방식으로 마이클을 지키려고 노력했다. 그녀 자신은 중독되어 마약을 끊을 수 없었지만 마이클은 그런 삶을 살지 않기를 바랐다. 이후로 마이클은 나쁜 일에 노출되면 눈을 감았다. 엄마가 마이클에게 준 선물이다.

앞으로 달려가는 무리에서 나에게 명령하는 누군가를 거스르고 방향을 바꾸기란 쉽지 않다. 마이클이 자신의 삶에서 방향을 돌리는 용기를 낸 것은 리 앤 가족을 만난 이후지만, 그동안 무리에 합류하지 않고 휩쓸리지 않도록 스스로를 보호한 것은 마이클이었다. 마이클의 타고난 강점

인 '보호본능'은 타인을 향하기도 했지만 자신을 지키는 데에도 크게 쓰인다. 마이클은 죽음의 계곡을 향해 달려가는 무리에서 멈추었다. 과거로부터의 흐름을 끊고 새로운 방향을 향해 나아간다. 그는 스스로에게 변환자이다. 변환자(變換者, transition person)는 철학자 테리 워너 박사가 처음 사용한 용어로, 물려받은 부정적인 인생 각본을 다음 세대에 물려주지 않고 긍정적 각본으로 바꾸는 사람을 뜻한다. 물론 리 앤과 가족들도 마이클에게 변환자이자 큰 조력자이다. 그리고 리 앤 가족들에게 마이클은 선물이다.

## 영화가 전하는 메시지

영화에서 마이클과 대비되는 인물이 있다. 비슷한 환경에서 자란 그들은 정반대의 길을 걷게 된다. 앞서 말했듯이 영화 말미에 총기 사고로 사망했다는 신문 기사에 등장하는 데이비드가 그렇다. 마이클은 대학 미식축구팀에 장학생으로 들어가고 데이비드는 범죄자로 죽는다. 데이비드는 부유한 가정을 만나지 못했기 때문일까? 아니면 그저 의지의 문제일까? 불우한 환경에서 태어나고 자라서 잘못된 방향으로 가다가 결국에는 이른 나이에 죽게 된 모든 이유를 데이비드 개인의 선택으로 미루는 것은 왠지 비겁하다. 하지만 그럼에도 불구하고 데이비드를 마이클과 비교할 수밖에 없다. 마이클은 리 앤의 가족을 만나기 전에도 자신이 가진 힘을 남용하지 않았다.

데이비드는 대학 풋볼팀의 유망선수였다. 학교 성적을 유지하지 못해서 운동을 못 하게 된 데이비드는 양아치 무리를 따라다니며 우두머리가 시키는 일을 한다. 마이클이 무리를 방문한 날 밤에 우두머리는 음악 소리가 너무 크다며 데이비드에게 "너는 음악이나 줄여!"라고 명령한다. 그리고 나서 데이비드가 예전에 대학 풋볼 선수였다는 것을 비웃는다. 그는 대학 선수 출신인 데이비드에게 열등감이 있다. 마이클 앞에서도 "대학에서 풋볼 선수였으면 뭐하나. 지금은 내가 시키는 일이나 하고 있는데. 안 그래?"라며 데이비드를 깎아내리는 말을 퍼붓는다. 그는 데이비드뿐 아니라 날개를 달고 날아오르려는 마이클도 자신의 발밑에 두고 밟고 싶어 한다. 마이클을 도발하는 행동에서 '거봐. 네가 아무리 발버둥쳐도 너는 나랑 똑같아. 그러니 함께 망가지자'라는 마음의 소리가 들린다.

무리 속 그들은 투우로 훈련되는 수많은 황소들이다. 타고난 힘을 과시하며 날뛰지만 죽음의 투우장으로 가는 것도 모르고 타고난 힘을 과시하며 날뛰는, 자신들이 어디로 가고 있는지도 모르는 황소들이다. 꽃을 좋아하는 황소 페르디난드는 투우장에 들어갔다가 살아서 나왔지만, 세상의 수많은 황소들은 투우장에서 죽어야 밖으로 나올 수 있다. 죽음의 길로 향하는 그들이 방향을 틀어 자유롭게 살기 위해 그들 모두가 꽃을 좋아해야 하는 건 아니다. 그럴 만한 능력을 가진 이들이 모여 투우의 경기 방식을 바꾸거나 투우 경기를 제한하는 법을 만들어야 한다. 그러니까 무작정 데이비드를 한심하다고 욕할 수만은 없다.

# 나는 누구인가

학교에서 내준 글쓰기 숙제에 마이클은 짧은 글을 써서 제출한다. 어쩌면 지금까지 마음속에 품고 있었을 응어리였을 수도 있고, 가장 하고 싶었던 말일 수도 있다.

> *눈에 보이는 건 모두 하얀색이다.*
> *하얀 벽과 바닥, 하얀 피부의 사람들.*
> *선생들은 내가 이해 못 하는 걸 모른다.*
> *누구 말도 듣기 싫다.*
> *선생들은 더더욱 숙제를 내주며 풀어오라고 하지만*
> *난 숙제란 걸 해본 적이 없다.*
> *화장실 거울을 보며 나는 말한다.*
> *"이건 내가 아니야."*
> *(마이클)*

"이건 내가 아니야"라고 말할 수 있으려면, 내가 누구인지 알고 있어야 한다. 적어도 내가 아닌 것과 나인 것을 구분할 수 있어야 한다. 마이클은 '나는 누구인가?'에 대해 진지하게 고민한다. 타인의 눈으로 본 나와 진짜 나 사이의 공간에서 고민하고 힘들어하지만, 타협하고 주저앉지 않는다. 자신의 아픔을 통해 타인의 아픔을 보고, 내가 가지고 있는 힘으로 타인을 보호하려는 마음을 갖기란 쉬운 일이 아니다. 그는 상대를 누르는 데에 자신의 힘을 사용하지 않는다. 마이클은 그 힘으로 소중한 사람을 보호하고 지킨다. 힘을 어떻게 사용해야 할지 모를 때는 방향을 정하지 않고 기다린다. 온전한 방향을 알게 되었을 때 비로소 그 힘을 사용한다. 마이클은 용기 있는 사람이다.

신뢰를 믿음으로 갚지 않는 사례는 도처에 널려 있다. 마이클을 향한 리 앤 가족의 마음에 신뢰로 반응한 것은 마이클 자신이다. 똑같은 상황에 놓여도 인간은 각자 다른 선택을 한다. 때로는 주위에 휘몰려 원하지 않는 길을 걷기도 한다. 죽음의 계곡인 것을 알면서도 멈추지 않는 것처럼. 그러니 나는 어떤 사람인지, 무엇을 원하는지, 어떤 삶을 살고 싶은지 자신에게 묻고 또 물어야 한다. 내가 진짜로 원하는 것은 무엇인가?

**?!**

영화 〈블라인드 사이드〉에서
건져 올린 질문들

- '믿음'은 나에게 어떤 의미인가?

- 나에게 '용기'는 어떤 의미인가?

- 내가 생각하는 '좋은 사람'은 어떤 의미인가?

- 내가 지나치지 못하는 것이 있다면 무엇인가?

- 나는 주고 있다고 생각했는데 내가 더 받았다는 것을 깨달은 적이 있는가?

- '보호자가 된다는 것'은 나에게 어떤 의미인가?

- 내가 생각하는 리더의 역할은 무엇인가?

- 사람들이 예상하는 나의 모습은 어떤 것인가? 그것은 나에게 어떤 의미인가?

- 내가 지키려는 '내 선수'는 누구인가? 지키는 것은 나에게 어떤 의미인가?

> 내가 만든 질문

#나는누구로살고있나 #내인생의주인

CHAPTER 8. 하울의 움직이는 성

저주를 푸는
열쇠는 무엇인가

# 하울의 움직이는 성

감독: 미야자키 하야오
출연: 바이쇼 치에코(소피 목소리), 기무라 타쿠야(하울 목소리),
      가슈인 타츠야(캘시퍼 목소리)
개봉: 2004.12.23. (재개봉: 2014.12.04.)
등급: 전체 관람가

**영화 줄거리**

아버지가 물려주신 모자가게에서 하루하루 성실하게 일을 하던 소피. 그녀는 어느 날 영문도 모른 채 마녀의 저주에 걸려 하루아침에 90세 노인의 모습이 되어버린다. 마녀는 '사람에게는 저주에 대해 말할 수 없으니 하울을 찾아가 보라'는 말을 남겼고, 소피는 저주를 풀기 위해 하울을 찾아 황야로 향한다. 우연히 길에서 만난 마법에 걸린 허수아비는 소피가 마음에 들었는지 거대한 움직이는 성을 소피에게로 데려온다. 얼떨결에 성으로 들어오게 된 소피는 불꽃 악마인 캘시퍼(카루시파)를 만나 제안을 받는다. 캘시퍼는 하울과의 계약으로 이 성에 묶여 있었는데, 이 계약의 비밀을 찾아주면 소피에게 걸린 저주를 풀어주겠다고 했다. 그렇게 청소부가 되어 '움직이는 성'에 머물게 된 소피. 소피는 캘시퍼와 하울의 비밀을 찾고 자신에게 걸린 저주도 풀 수 있을까?

**이 영화를 선택한 이유**

〈하울의 움직이는 성〉은 자신의 삶의 방향에 대해 고민하는 모든 이에게 추천하고 싶은 영화다. 〈하울의 움직이는 성〉에는 꽤 많은 등장인물이 나오며, 단 한 번 등장하는 인물의 대사를 통해서도 강력한 메시지를 전한다. 그리고 자신의 이슈와 맞아떨어지는 대사는 꼭 주인공의 입을 통해서만 듣는 것이 아니다. 때로는 생물이 아닌 소품을 통해서도 우리의 마음과 연결된다. 영화를 볼 때 나는 누구의 시선이었는지, 영화 속 저주와 그것을 푸는 열쇠를 통해 내가 무엇에 얽매여 있는지, 어떻게 해결할 수 있을지 등을 생각해 볼 수 있을 것이다.

## 미래는 스스로 정해야 해

소피는 아버지가 물려주신 모자가게에서 일하는 소녀다. 창밖 멀리 지나가는 '하울의 움직이는 성'을 다른 직원들이 창문에 붙어서 구경할 때, 혼자 말없이 모자를 만드는 소피의 얼굴은 무표정하고 생기가 없어 그 나이 또래로 보이지 않는다. 소피는 자리에서 일어나 여동생 레티를 만나러 간다. 인기가 많고 유쾌한 레티 곁에는 항상 많은 사람들이 몰려 있다. 언니에게 안부를 물으며 얼굴을 마주한 레티는 걱정 어린 눈으로 소피를 보며 평생을 그 가게에서 일할 것인지 묻는다.

> 아빠가 물려준 가게고, 난 장녀잖아.

소피

그게 아니라, 언니 꿈이 모자가게 주인이냐고.
언니의 미래는 스스로 정해야 해!

레티

레티의 눈에도 소피는 모자가게 일이 어울리지 않는다. 단지 일의 문제가 아니다. 진정 원해서가 아닌 책임감만으로 일하고 있다고 소피의 얼굴에 쓰여 있기 때문이다. 소피에게 자신의 미래는 스스로 정해야 한다고 일침을 놓은 레티의 이 말은 우리에게도 강력하게 다가온다. 나이와 관계없이 당신이 지금 있는 그곳에 정말 원해서 있는 게 맞는지 묻는다. 책임감을 걷어내도 그 일을 하고 싶은 거냐고 질문한다. 우리는 이 질문을 피하지 말고 정면으로 마주해야 한다. 그렇지 않으면 저주에 걸려 노인이 되어버린 소피처럼 갑자기 늙어버릴지도 모른다. 거울 속에 있는 내 얼굴이 정말 원하는 삶을 살고 있는 사람의 표정을 짓고 있는지 확인해보자.

## 마음속 등대가 향하는 곳

소피의 나라는 전쟁 중이다. 국왕은 이웃 나라와 싸우기 위해 마법사들을 동원하고 있다. 도시 곳곳에는 군인들이 군복을 입고 돌아다닌다. 골목을 지나는 소피에게 군인 두 명이 다가와 수작을 건다. 무시하고 지나치려는 소피를 붙잡으려는 찰나, 하울이 등장해 말한다. "아, 미안 미안. 여기 있었네. 한참 찾았잖아." 흐름상으로는 하울이 소피를 도와주는 장면이지만, 실은 하울도 소피의 도움이 필요했다. 고무인간을 피해 달아나는 상황이었던 하울은 소피의 손을 잡고 고무인간의 추격을 피해 도망친다. 하지만 영화를 끝까지 감상한 후에 다시 이 장면을 보면 다르게 해석된다.

하울은 정말로 소피를 한참이나 찾았다. 캘시퍼(카루시파)의 불이 꺼지며 하울의 성이 부서졌을 때 소피는 시간을 넘어 잠시 어린 시절의 하울을 만난다. 당시 하울은 마법사였던 외삼촌이 죽고 홀로 어린 시절을 보내고 있었다. 하울은 외로웠을 것이다. 소피는 현재로 돌아오기 직전, 어린 하울에게 외친다. 기다려달라고, 미래에서 만나자고. 하울은 아마도 10년 넘게 소피를 찾아다녔을 것이다. 움직이는 성이 필요했던 것도 어쩌면 그 이유가 아니었을까? 아주 확실한 목표를 가지고 있었던 하울은 결국 소피를 만났다. 하고 싶은 말도 못 하는 겁쟁이에 내면을 제대로 정리하지 못한 불완전한 상태였지만, 소피를 향한 마음은 진심이었다. 소피를 지키기 위해 움직이는 하울은 자신의 마음속 빛이 향하는 곳을 알고 있다.

무엇을 찾고 있는지, 무엇을 찾아야 하는지 우리는 스스로 물어야 한다. 내 마음이 향하는 곳이 어딘지 방향을 알고 걸어야 한다. 인간은 한 치 앞을 모르기에 미래를 정할 순 없지만, 방향을 정할 수는 있다. 하울이 왕궁에서 소피를 먼저 보낼 때 끼워준 반지가 빛을 내며 정확히 성을 향하는 장면처럼 우리의 마음도 빛을 내고 있다. 그 빛은 때로는 흐리고 때로는 선명하다. 안개 낀 듯 뿌옇고 흐려서 빛이 없다고 느낄 때도 있다. 하지만 마음속 등대의 빛은 우리가 살아 있는 한 언제나 타오르고 있다. 그 빛을 보고 방향을 맞추는 것은 자신의 몫이다.

## 나 아닌 누군가를 위한 마음

황야의 마녀가 보낸 고무인간들을 피해 하울과 소피는 하늘로 날아오른다. 소피와 하울이 높이 솟은 지붕을 밟으며 하늘을 걷고 있는 곳 아래에는 많은 사람들이 오가고 있다. 누구도 날고 있는 그들을 알아차리지 못한다. 갑자기 공중으로 날아오른 상황에 놀라는 소피에게 하울이 말한다.

*그렇지, 잘하고 있어. 그대로 계속 걸어.*
*(하울)*

생전 처음으로 누군가에게 듣는 칭찬에 소피는 자신도 모르게 미소를 짓는다. 묵묵히 주어진 일만 하며 웃을 일이 없던 소피의 일상에 작은 파장이 생긴다. 하울이 한 말은 소피에게 필요했던 응원의 말이었다. 어린 나이에 책임감으로 일하고 있는 소피에게 그 누구도 해주지 않았던, 지금 잘하고 있다는 말.

우리도 마찬가지다. 하울처럼 잘하고 있다고 말해주는 이가 없다면 내가 나 스스로를 토닥이고 응원해야 한다. 잘하고 있다고, 방향이 맞는다면 계속 걸으라고, 당장 눈에 보이는 성과나 결과가 없어도 괜찮다고 말해줘야 한다. 하울이 혼자 고무인간들에게 쫓기고 있을 때는 땅 위로만 다녔지만, 소피와 함께하는 순간 하늘로 날았다. 소피를 지키려는 마음이 마법을 증폭시켰을 것이다. 소피와 하울은 각자 자신의 저주를 푸는 실마리를 보지 못하지만, 사랑하는 사람을 향한 눈을 통해 열쇠를 발견한다. 하울은 소피를 지키고자 하는 마음에서 우러난 책임감을 얻게 되고, 소피는 불확실한 미래를 향해 용기 내어 한 걸음 나아가려는 의지를 새긴다.

하울과 움직이는 성에서 함께 지내던 어느 날, 소피가 꿈을 꾼다. 마법사들과 전쟁을 치르고 돌아와 피를 흘리는 하울에게 소피가 돕겠다고 말하자, 자신의 저주도 못 풀면서 누구를 돕느냐며 하울이 차갑게 말하고 떠나는 꿈이었다. 영화에서는 하울도 캘시퍼도 소피도 스스로의 저주를 풀지 못했다. 하지만 서로를 도우려는 마음이 용기와 강한 의지를 불러일으키며 결국 모두의 저주가 풀린다. 우리 인생도 어쩌면 마찬가지인지도 모른다. 우리는 혼자서 살아갈 수 없기에 서로를 도우며 살아야 한다고 말하는 듯하다. 인류애, 거창한 단어처럼 느껴지지만, 사실은 나 아닌 누군가를 위한 작은 마음이 인류애의 시작 아닐까? 그리고 그렇게 우리 각자의 삶도 성장하고 단단해지는 게 아닐까?

## 자유를 위한 책임

하울은 의미 없는 전쟁에 불려가지 않으려고 이리저리 이름을 바꾸며 살지만 결국 들키고 만다. 하울이 사용하는 몇 개의 이름 앞으로 왕궁에서 편지가 왔다. 꼼짝없이 전쟁에 나가야 한다. 하울은 강력한 마법사지만 스스로를 믿지 못했기에 여러 개의 이름으로 살았다. 안전한 곳에 숨어 있고 싶으면서도 자유롭고 싶어서 그의 성은 늘 움직인다. 하지만 그렇게 살아도 하울은 자유롭지 못하다. 황야의 마녀로부터 쫓기고 있으며 마법학교에 다닐 때 서명했던 서약에도 매여 있다. 강한 마법과 연약한 마음을 동시에 가지고 있는 하울에게는 책임감이 결여되어 있다. 매여 있고 싶지 않았기 때문이다.

소피

하울은 대체 이름이 몇 개야?

자유롭게 사는 데 필요한 만큼 있어.

하울

그러나 아이러니하게도, 아무런 구속이 없는 상태에서는 자유로움을 느낄 수 없다. 자유는 자유로운 생활에서 오는 게 아니다. 그래서 방종은 자유가 아니다. 어쩌면 자유는 안전하고 공정한 규칙에서 오는지도 모른다. 그 자유는 책임을 동반할 때 더욱 강력해진다. 해야 할 일을 끝내놓은 후의 휴식을 생각해보자. 자신의 의무를 다하지 않은 상태에서는 온전한 자유를 느끼기 어렵다. 무엇보다 균형이 중요하겠지만, 그동안 하울은 한쪽으로 치우쳐 살았기에 책임이라는 추가 반대쪽에 더해지자 그의 삶이 더 조화로워졌다. 하울에게도 지키고 싶은 것이 생겼기에 기꺼이 책임을 질 의지가 생겼다. 하울은 어제보다 오늘 더 자유롭다. 온전히 자유롭기 위해 우리는 삶에서 무엇을 더하고 무엇을 덜어내야 할지 헤아려야 한다.

## 진짜 자유로움은 본질을 회복하는 것

하울은 아름다운 청년이다. 황야의 마녀도 그의 아름다운 외모에 반해 하울의 마음을 원하며 쫓고 있다. 그런데 하울이 흑마법을 사용하자 부메랑처럼 돌아오는 결과로 그의 모습은 점점 괴물로 변해간다. 괴물로 변한 하울에게 소피는 이렇게 말한다.

> *하울, 네가 괴물이라도, 어떤 모습이라도 너를 사랑해.*
>
> *(소피)*

이 말은 소피가 스스로에게 하는 말과도 같다. 청소하다 약품 위치가 바뀌어 하울의 머리색이 검게 변했을 때, '아름답지 않으면 살 이유가 없다'는 하울의 말을 듣고 소피 자신은 한 번도 예뻤던 적이 없다며 달려 나가 우는 장면과 연결된다. 소리 내어 울지도 웃지도 않았던 소피는 그동안 자신의 마음을 돌보지 않았다는 것을 깨닫는다. 그리고 소피는 하울에게 하는 말들이 곧 자신에게 해야 하는 말이었음을 깨닫는다. 어떤 모습이어도, 어떤 순간이라도 사랑한다고 자신에게 말해줘야 한다. 사랑하는 사람을 살리기 위해 소피는 자신을 다잡는다. 소피로 인해 하울에게도 지키고 싶은 것이 생겼다. 불완전한 둘이 만나 하나가 된다.

줄곧 땅 위로만 이동하던 하울의 성이 캘시퍼와 하울의 계약, 그리고 소피의 저주가 풀리자 하늘로 날아오른다. 싱그러운 초록의 식물들이 자라는 성은 그 자체로 살아 있는 듯하다. 계약으로 묶여 있던 이전의 모습은 단지 '움직이는 성'이었다면 이제는 '살아 숨 쉬는 성'이다. 굴뚝도 더는 검은 연기를 내뿜지 않는다. 건강한 모습이다. 어린아이지만 늘 노인으로 변장하던 마루쿠루도 이젠 원래의 모습으로 뛰어논다. 욕망에 사로잡혀 정작 중요한 것을 잃었던 사람들이 본질을 회복한다. 현실에 안주하고자 했던 소피의 마음도 결국은 욕망이었다.

성의 외관에 얼굴같이 보이던 여러 방들이 사라지고 정면을 바라보는 하나의 얼굴만 남았다. 이제는 여러 개의 얼굴이 필요 없어진 모양이다. 하울에게도 더는 하울 외의 다른 이름이 필요하지 않게 되었다. 진짜 자유는 이름이나 조건에서 오는 것이 아니니까.

## 영화가 전하는 메시지

〈하울의 움직이는 성〉에는 여러 은유가 담겨 있다. 성, 저주, 청소, 가족, 전쟁, 괴물 등. 보이는 대로 감상해도 재미있지만, 그 속에 담긴 은유를 찾아내어 곰곰이 머물러보고 그 의미를 생각해보면 재미가 배가 된다. 좀 더 꼭꼭 씹어 영양분을 최대로 섭취하는 기분이랄까? 자신의 시선으로 영화를 해석하고 그 해석을 통해 다시 자신을 탐색하는 과정은 그 자체로 의미 있다. '나는 이때 이런 것을 느끼는구나', '이런 생각을 하는구나'와 같은 감정과 생각을 따라가다 보면 현재의 '나'를 만나게 된다.

소피는 황야의 마법사로부터 저주에 걸린 '소녀 할머니'이다. 그래서 분위기와 소피의 마음에 따라 외모가 젊어지기도 하고 늙어지기도 하는 등, 영화 장면마다 끊임없이 변한다. 사람들이 그 이유를 묻자 미야자키 하야오 감독은 "인간은 원래 마음가짐에 따라 90세의 노인이 되기도 하고 50세의 중년이 되기도 한다"고 답변했다.

하울은 이름이 여러 개다. 펜드라곤, 젠킨스, 하울, 그리고 자유롭게 사는 데 필요한 만큼의 이름이 더 있다. 캘시퍼의 힘으로 움직이는 하울의 성은 그 자체로 사람의 얼굴 같기도 하고 심장 같기도 하다. 소피가 오기 전의 성 내부는 잡동사니투성이다. 물건들이 여기저기 쌓여 있고 먼지와 재가 수북하다. 이렇게도 저렇게도 결정하지 못하고 방황하며 자유를 갈망하지만, 동시에 안전함을 원하는 하울의 마음속 같다. 때로는 소피에게 청소 좀 그만하라며 마치 사춘기 아들처럼 구는 하울이지만, 소피 덕분에 성도 하울의 마음도 조금씩 정리가 되어간다. 그리고 혈육이 아닌 이들이 모여 그렇게 조금씩 가족이 되어간다.

## 저주를 푸는 열쇠, 용기와 의지

소피는 하울을 위해 자신의 진짜 목소리를 낸다. 왕궁의 마법사 설리번 앞에서 하울을 변호하는 소피의 모습이 점점 젊어지면서 원래 나이로 돌아간다. 스스로를 위해서는 목소리를 내는 것이 두려웠지만 사랑하는 사람을 위해서는 용기가 생긴다. 저주를 푸는 열쇠 하나가 던져졌다. 소피가 마음이 시키는 대로 용기를 내고 의지를 드러내는 순간에는 저주가 일시적으로 풀린다.

영화 초반에 소피가 짓궂고 무례한 군인 두 명을 만나는 장면으로 돌아가 보자. 골목 벽에 붙어 있는 포스터에 '용기와 의지'라는 글자가 적혀 있다. 영화는 숨은그림찾기처럼 우리에게 저주를 푸는 열쇠를 미리 보여 주었다. 벽에 붙은 포스터는 모두가 볼 수 있지만 그것을 알아보는 사람이 있고, 보고도 그냥 지나치는 사람이 있다. 우리에게 닥친 많은 고난과 고비 역시 마찬가지인지도 모른다. 인생의 순간순간마다 문제를 해결할 수 있는 열쇠는 이미 놓여 있다. 어쩌면 실패 같은 순간들은 사실 열쇠를 얻을 수 있는 길목인지도 모른다. 우리에게는 그것이 열쇠라는 것을 알아보는 눈과 열쇠를 가지고 문을 여는 용기와 의지가 필요하다.

?!

영화 〈하울의 움직이는 성〉에서
건져 올린 질문들

• 나는 누구로 살고 있는가?

• 나에게 '지키다'라는 건 어떤 의미인가?

• 나에게 '나이 든다는 것'은 어떤 의미인가?

• 내 안에서 충돌하는 것이 있다면 무엇과 무엇인가?

• 나는 어떤 두려움을 가지고 있는가?

• 내가 간절히 원하는 것이 있다면 무엇인가?

• 내 마음에는 어떤 문들이 있나? 그중에서 내가 열고 싶은 문은 무엇인가?

• 나에게 '저주'가 걸려 있다면 무엇인가? 그것을 푸는 열쇠는?

• 나에게는 어떤 '용기와 의지'가 필요한가?

내가 만든 질문

#비상 #성장 #부모의정서적독립 #분리

**CHAPTER 9. 미라클 벨리에**

세상에서
가장 아름다운 날갯짓

# 미라클 벨리에

감독: 에릭 라티고
출연: 루안 에머라(폴라 벨리에), 카린 비아르(지지 벨리에),
　　　프랑수아 다미앙 (로돌프 벨리에)
개봉: 2015.08.27.
등급: 12세 관람가

## 영화 줄거리

베로니크 풀랭의 자전적 소설, 《수화, 소리, 사랑해!》를 바탕으로 하는 영화 〈미라클 벨리에〉의 주인공 폴라는 코다(CODA, Children of Deaf Adult)이다. 코다는 농인 부모를 둔 청인 자녀를 뜻한다. 축산농장을 운영하는 벨리에 가족 중 유일하게 듣고 말할 수 있는 폴라는 가족이 세상과 소통하도록 돕는 역할을 담당한다. 어느 날 폴라는 파리에서 전학 온 가브리엘에게 첫눈에 반하고, 그를 따라 합창부에 가입한다. 폴라는 음악을 좋아했다. 매일 통학길에 헤드셋으로 음악을 듣지만 한 번도 소리 내어 노래한 적은 없다. 당연히 자신의 목소리를 제대로 들어본 경험도 없다. 합창부 담당인 토마송 선생님은 폴라의 천재적 재능을 발견하고 파리에 있는 합창 학교 오디션을 보도록 제안한다. 가족과 세상을 잇는 역할로 바쁜 폴라는 고민한다. 자신이 파리로 떠나고 나면 세상을 연결하는 역할이 사라져 가족들이 혼란에 빠지는 것은 아닐까?

## 이 영화를 선택한 이유

자녀만 부모에게서 독립하지 않는다. 부모도 자식으로부터 정서적 독립을 해야 한다. 자녀의 독립보다 부모의 독립이 더 힘들 수 있다. 자녀에게 많이 의지하고 있었다면 더욱 그렇다. 부모가 정서적 독립을 힘들어하면 자녀는 부채감으로 독립하는 것을 미루거나 포기할 수 있다. 이 영화는 표면적으로는 폴라가 부모를 떠나 비상하는 내용을 담았지만, 이면에는 자녀와 정서적 독립을 위해 고군분투하는 부모의 모습을 다룬다. 〈미라클 벨리에〉 영화를 통해 부모와 자식 사이의 건강한 거리를 헤아려보자. 그리고 함께 알을 깨고 새로운 세계로 나아가는 성장에 대해서도 생각해보자. 이 영화는 꼭 가족이 함께 보기를 추천한다.

## 따로 또 같이, 가족의 의미

영화의 원작 소설인《수화, 소리, 사랑해!》는 침묵의 세계와 소리의 세계에 한 발씩 담그고 두 세계를 오가며 소통하는 모든 코다(CODA, 농인 부모를 둔 청인 자녀)들의 이야기다. 그리고 자신과 다른 세계에서 외국어와도 같은 다른 언어를 사용하는 농인 부모를 이해하고 존중하고 사랑하기까지 겪어야 했을 코다들의 상처와 수많은 흔들림을 꾹꾹 눌러쓴 경험담이다. 코다들은 집을 떠나는 순간 소리의 세계에 머물다가 집으로 들어오며 침묵의 세계로 진입한다. 두 개의 언어로 두 개의 문화를 오가며 두 개의 세상을 살아간다. 다른 언어를 사용하는 부모와 온전히 한 세상에서 만날 수 없다. 《수화, 소리, 사랑해!》의 저자 베로니크 풀랭은 한 인터뷰에서 다음과 같이 말한다.

> *내 부모님을 사랑했어요.*
> *그들이 자랑스러웠고, 보호해주고 싶었죠.*
> *(베로니크 풀랭)*

이는 영화 속 폴라가 느끼는 마음이기도 하다. 코다, 즉 농인 부모에게서 태어난 청인 자녀인 폴라는 부모의 마음과 상관없이 자신이 부모를 보호해야 한다고 생각한다. 그리고 부모도 스스로 인식하는 것 이상으로 폴라를 많이 의지한다.

베로니크 풀랭은 영화에 카메오로 등장한다. 영화 초반에 시장에서 벨리에 가족이 치즈를 파는 장면이 있는데, 거기서 치즈를 구입하는 고객이 베로니크 풀랭이다. 손님 역을 맡은 베로니크 풀랭은 말없이 웃고만 있는 폴라 엄마를 이상하게 바라본다. 이 무례한 손님에게 폴라는 당황하지도 않고 재치 있게 대답한다.

**"**
이분은 왜 이러시니?

손님

분업하는 거예요.
엄마는 미소, 저는 설명, 동생은 계산을 담당해요.
가족이니까요!

폴라

**"**

영화의 원제목이 왜 〈La Famille Belier(The Belier Family, 벨리에 가족)〉인지 잘 드러나는 장면이다. 영화 중반, 폴라의 부모님은 시장 출마 신청을 한 후 이미 당선이 되었다고 생각하며 책을 읽는다. 아빠는 시장으로 엄마는 시장 부인으로서의 소양을 쌓는 것이다. 폴라 아빠는 프랑스 제24대 대통령 프랑수아 올랑드의 자서전을, 폴라 엄마는 재클린 케네디의 자서전을 읽는다. 영화가 끝나면 쿠키 영상에 아빠가 시장에 당선되어 시정 활동을 하는 모습이 나온다. 폴라의 가족들이 한 걸음씩 앞으로 나아가고 있다.

영화는 처음부터 끝까지 가족에 대해 말한다. 가족이 무엇인지, 함께의 진짜 의미가 무엇인지, 어떻게 함께 성장하는지 하나씩 짚어나간다. 가족이니까 '무조건 같이'가 아니라, '따로 또 같이'가 가능한 관계로 함께 나아간다. 그 과정에 눈물이 있지만 벨리에 가족은 결국 웃는다.

## 장애가 아니라 정체성으로서의 청각 장애

현 시장의 정책이 마음에 들지 않는 폴라의 아빠는 농장과 마을을 지키기 위해 시장 선거에 출마하기로 결심한다. 폴라의 아빠는 원하는 것이 있으면 될 때까지 노력하고 포기를 모르는 사람이다. 폴라는 아빠를 믿지만 세상의 시선이 걱정된다.

폴라의 아빠는 자신에게 청각 장애가 있는 것이 청인의 관점으로는 청각 '장애'이지만, 그것이 자신에게는 장애가 아니라 정체성, 즉 특징이라고 생각한다. 농인 부모를 둔 청인 자녀였던 베로니크 풀랭은 불러도 듣지 못하고 사랑한다는 소리를 속삭여줄 수 없는 부모를 멀리서 팔짱 끼고 지켜보고 있다가, 나중에 자신도 부모님을 따라 농인을 위한 연극협회에서 일하며 농인들을 대상으로 공연했다. 그때 들리지 않는다는 것은 장애가 아니라 하나의 정체성이자 문화라는 사실을 깨달았다고 한다.

성대를 울려서 말하는 사람이 많은 사회에서는 농인이 '장애인'이지만 반대의 경우에는 청인이 '장애인'이 된다. 스스로에게 걸림돌이 아닌 것은 이미 장애라는 단어를 넘어선다. 사전에서 장애를 검색하면 세 가지 뜻이 나온다.

1. 어떤 일의 성립, 진행에 거치적거려 방해하거나 충분히 기능하지 못하게 함
2. 신체 기관이 본래의 제대로 기능하지 못하거나 정신 능력에 결함이 있는 상태
3. 유선 통신이나 무선 통신에서 신호의 전송을 방해하는 잡음이나

혼신 따위의 물리적 현상

(출처: 다음 어학사전)

우리는 '장애'라는 단어를 떠올릴 때 흔히 2번에 방점을 둔다. 그러나 1번의 정의로 생각한다면 장애의 의미는 사람마다 다를 수 있다. 누군가에게는 장애, 누군가에게는 정체성일 수 있다. 하나의 정체성이자 하나의 문화라고 인정하면 신체 기관의 의학적 '장애'는 더 이상 장애가 아닐 수 있다. 나아가는 길을 막지 못하는 것은 이미 장애가 아니기 때문이다. 미국의 장애인 육상선수이자, 배우이자, 모델인 에이미 멀린스의 사례로 우리는 이미 '장애의 재정의'를 경험했다. 에이미 멀린스의 말을 들어보자.

*진짜 장애는 억눌린 마음입니다.*
*그렇게 희망도 없이 눌려 있는 마음 말이죠.*
*(에이미 멀린스)*

유권자들에게 폴라의 아빠가 "여러분들이 장애인이에요! 우린 세상에 열려 있어야 해요. 열린 마음을 가지세요!"라고 말하는 장면과 연결된다. 마음으로부터 이건 이래서 안 되고 저건 저래서 안 된다고 규정하는 것이 이미 장애이고, 그런 마음을 가진 사람이 장애인이라는 폴라 아빠의 말은 틀리지 않다. 자신을 무한한 가능성을 가진 존재로 바라보는 사람은 타인 역시 그렇게 바라본다. 반대로 자신의 가능성을 단정 짓는 사람의 시선은 타인에게도 쉽사리 한계를 말한다.

# 나의 꿈, 나의 목소리

영화 포스터 속 폴라의 모습은 도입부에 나온다. 폴라는 매일 아침 통학버스를 타러 가는 길에 헤드셋을 끼고 음악을 듣는다. 자전거를 타고 바람을 가르며 달리는 폴라의 표정이 행복해 보인다. 폴라에게는 하루 중 청인으로서의 자신에게 죄책감 없이 온전히 집중할 수 있는 유일한 시간이다. 오렌지색의 헤드셋이 마치 폴라를 충전하는 충전기 같다.

농인인 부모님과 동생을 사랑하는 폴라가 가족들과 세상을 연결하는 역할에서 벗어나 온전히 자신만의 시간을 보내는 유일한 장치가 음악이다. 듣는다는 것은 수동적인 즐거움이다. 폴라가 자신에게 허락하는 소극적인 쾌락이다. 그랬던 폴라가 첫눈에 반한 가브리엘을 따라 생각지도 않았던 합창부에 들어가면서 폴라의 인생에 대반전이 시작된다. 폴라의 가족에게도 변화의 파도가 몰려온다.

합창부에 들어가 파트를 정하기 위해 한 사람씩 테스트를 거친다. 폴라의 목소리를 들은 음악교사인 토마송 선생님이 폴라에게 던지는 한마디 한마디가 예사롭지 않다. 그는 합창부 신입생인 폴라에게 하는 말인지, 폴라의 인생 전반을 향해 하는 말인지, 아니면 영화를 보는 우리에게 하는 말인지 헷갈리는 대사를 계속 날린다. 그것도 꽤 묵직한.

*그건 네 목소리가 아니야.*
*따라 해봐.*
*이제 네 목소리를 낼 때가 됐어!*
*네 목엔 보석이 숨겨져 있어. 화난 보석이지.*
*(토마송 선생님)*

토마송 선생님의 발성 지도를 통해 처음으로 고음을 입 밖으로 질러본 폴라가 당황하며 밖으로 나간다. 화장실 거울에 비친 폴라의 표정이 복잡하다. 붉게 상기된 볼, 웃는 듯 우는 듯 알 수 없는 표정. 하지만 흥분된 마음이 온전히 감춰지지 않는다. 듣는 것이 수동적인 영역이라면 목소리를 내는 것은 능동적인 영역이다. 목소리의 주인이 성대를 울리지 않으면 소리는 밖으로 나오지 않는다. 폐 안의 공기가 성대를 비벼서 밖으로 나온 목소리는 의지의 표현이자 지금껏 간신히 누르고 있던 폴라의 진심이다. 자신의 목소리를 내지 않고 가족의 역할을 담당하며 살아온 폴라에게 목소리는 자신의 인생이자 꿈 그 자체이다. 가족이 경영하는 농장 밖으로 자신만 분리되어 꿈을 펼치러 나간다는 생각을 폴라는 해본 적이 없다. 그것은 가족을 배신하는 것만 같다.

영화 〈미라클 벨리에〉는 우리에게 각자의 다양한 사정에도 불구하고 '나는 내 목소리를 내고 있는지, 내 목소리는 무엇인지' 이제는 진지하게 스스로에게 물어야 할 때가 되었다고 말한다. 나이는 중요하지 않다. 중요한 것은 내 입을 통해 나의 진짜 목소리를 내고 있는지의 여부다.

## 역할에 눌리지 않은 온전한 내 인생

부모님을 떠나 파리로 오디션을 보러 가는 것을 주저하는 폴라에게 친구인 마틸드가 말한다.

*너의 부모님은 청각 장애가 있는 거지, 강아지가 아니잖아.*
*너 없을 때는 어떻게 사셨는데?*
*(마틸드)*

이 말에서 아직 어린 폴라가 감당하고 있는 인생의 무게가 느껴진다. 폴라는 스스로를 부모님의 돌봄을 받는 어린 자녀가 아닌, 부모님을 돌보는 역할로 생각하고 있다. 부모의 의도와는 상관없이 폴라 스스로가 느끼는 무게다. 폴라는 파리에 있는 음악학교 입학 오디션 참가 여부를 고민하다가, 결국 자신의 인생이니 자신이 결정하겠다며 오디션을 보지 않겠다고 말한다. 그때 토마송 선생님이 폴라에게 정곡을 찌르는 말을 다시 한번 건넨다. '네 인생인 거 확실하냐'고. 자신도 그 구덩이를 잘 안다고. 같은 묘지에 있으니까.

토마송 선생님의 에피소드는 영화에 나오지 않지만 이 대사를 통해 토마송 선생님이 젊은 날의 어떤 결정으로 인해 지금 후회하고 있다는 것을 알 수 있다. 폴라에게서 자신을 보면서 과거의 자신에게 하고 싶은 말을 하는 것이다. 하지만 안타깝게도 보석 같은 목소리를 가지고 있는 폴라에게 토마송 선생님은 더 이상 관여할 수 없다. 폴라의 인생이기 때문이다. 토마송 선생님의 '네 인생인 거 확실하냐'는 물음은 우리에게도 결코 가볍지 않다. 우리는 역할에 눌리지 않고 자신의 인생을 살고 있다고 확신할 수 있을까?

## 영화가 전하는 메시지

미셸 사르두의 〈Je Vole<sup>(비상)</sup>〉을 부르는 폴라. 폴라의 마음인 듯한 가사 '도망치는 게 아니에요, 날아오르는 거예요'를 진심을 담아 수어로 동시에 노래하는 폴라를 보며 부모님의 눈가에 눈물이 맺힌다. '이제 품 안의 자식이 아니구나. 떠나보내야 하는구나.' 인정할 수밖에 없다는 것을 받아들인다. 도망가는 게 아니라, 날아오르는 거라는 노래의 가사가 영상을 뚫고 나와 우리의 마음을 두드린다. 당신은 날아오를 준비가 되었냐고 묻는다. 폴라는 안전하고 편안한 세계에 있다. 가족과의 갈등이 없는 이 편안한 상태가 좋으면서도 뭔가 공허하고 허전하기도 하다. 가슴 뛰고 벅차오르는 세계에 가기 위해서는 《데미안》 속 문장처럼, 알을 깨고 밖으로 나가야 한다. 하나의 세계를 파괴하는 것은 필연적으로 선택을 동반한다. 그리고 그 선택은 때론 괴롭다.

*새는 알을 깨고 나온다. 알은 새의 세계이다.*
*태어나려고 하는 자는 하나의 세계를 파괴해야 한다.*
*(헤르만 헤세, 《데미안》 중에서)*

폴라보다 힘이 센 폴라의 동생 쿠엔틴조차 엄마에게는 아기다. 엄마는 폴라와 쿠엔틴을 성장하는 자식이 아닌 자신의 돌봄이 필요한 귀여운 아기로 고정하고 있다. 어쩌면 폴라가 오디션을 보러 파리로 간다는 말이 엄마에게는 가슴에 붙여놓은 일체형의 자식을 몸에서 강제로 뜯어내는 듯한 아픔으로 다가왔을지도 모른다. 폴라의 의도와는 상관없이.

폴라는 알에서 나왔다. 두렵고 떨리지만 한 세계를 파괴하고 밖으로 나왔다. 그리고 동시에 폴라가 더 이상 품 안에 안겨 있던 아기가 아니라는 것을 깨닫고 폴라의 부모님도 알에서 함께 나왔다. 이 순간이 바로 '미라클 벨리에'다! 벨리에 가족의 기적이다. 부모님을 떠나 비상하는, 날아오르는 폴라의 얼굴에서 빛이 난다. 목소리를 내고 화장실에서 웃는 것조차 마음에 거리낌이 있었던 폴라가 이제야 마음 놓고 활짝 웃으며 하늘로 뛰어오른다. 자신에게 날개가 있다는 사실을 깨닫고 세상으로 날아오르는 폴라는 자신의 목소리를 세상에 낼 준비가 되었다.

## 세상에서 가장 아름다운 날갯짓

폴라의 엄마가 겪는 절망은 자녀가 진학이나 취직, 결혼 등으로 독립할 때 주 양육자를 맡는 여성에게 주로 나타난다는 '빈 둥지 증후군'과 비슷하지만 조금은 다르다. 벨리에 가족 중 유일하게 폴라만 소리를 들을 수 있다. 농장 경영에 필요한 일부터 집안일까지 세상과 소통하는 역할을 폴라가 맡고 있다. 그래서 폴라가 떠나면 폴라가 맡고 있던 일들에 공백이 생긴다. 이 영화는 농인 부모와 청인 자녀의 꿈과 갈등, 그리고 성장에 대해 말한다. '청각 장애'가 핵심 장치이기도 하다. 그런데 영화에서 청각 장애를 걷어내도 큰 이야기는 여느 가정에서 일어나는 일과 별반 다르지 않다. 부모와 자녀 사이의 거리는 동서고금을 막론하고 늘 논란의 여지가 있었다. 그리고 폴라와 같은 코다가 아니어도 부모를 책임지고 있다고 생각하는 자녀도 있다. '나'이기 이전에 가족을 부양하는 '역할'이 더 커서 '나'를 생각할 여지조차 없는 사람도 있다. 우리는 부모가 생각하는 거리와 자녀가 생각하는 관계의 거리를 잘 조정하고 균형을 맞춰야 한다고 생각하는 수많은 폴라 혹은 폴라의 부모다. 한 인격체로서 온전히 세상에 나아가는 과정은 부모를 떠남으로써 그리고 자식을 품에서 떠나보냄으로써 완성된다. 세상에서 가장 아름다운 날갯짓을 시작한 폴라와 가족, 그리고 우리를 응원한다.

**영화 〈미라클 벨리에〉에서
건져 올린 질문들**

- 나에게 '장애'는 어떤 의미인가?

- 나와 세상을 연결하는 것은 무엇인가? 그것은 나에게 어떤 의미인가?

- 나에게 '진짜 내 목소리'는 어떤 의미인가?

- 나에게 '가족'은 어떤 의미인가?

- 나에게 '성장'은 어떤 의미인가?

- '누군가의 자식'에서 '온전한 나'가 되는 순간은 언제인가?

- 나를 위로하는 음악은 무엇인가?

- 나는 우리 가족 안에서 어떤 역할을 담당하고 있나?

- 나에게 '비상'은 어떤 의미인가?

내가 만든 질문

#인간의성장 #나는누구인가 #인생의사계절

CHAPTER 10. 리틀 포레스트

인생의 계절을
대하는 지혜

# 리틀 포레스트: 여름과 가을/겨울과 봄

감독: 모리 준이치
출연: 하시모토 아이(이치코), 마츠오카 마유(키코), 미우라 타카히로(유우타)
개봉: 2015.02.12.
등급: 12세 관람가

## 영화 줄거리

이치코는 도시에 나가 살다가 도망치듯 고향 코모리로 돌아온다. 코모리는 산으로 둘러싸인 작은 시골 마을이다. 농촌 마을 코모리에서는 모두가 자급자족한다. 작물을 기르고 채소를 직접 농사짓는다. 제철 재료로 식사를 준비한다. 겨울을 나기 위해 작물과 채소를 절이고 말린다. 매끼 식사를 하려면 재료부터 모든 것을 손수 준비해야 한다. 이렇게 노동에 들이는 시간과 노력을 농작물로 보답받는 곳, 코모리로 돌아온 이치코는 요리를 통해 자신의 마음을 알아차리며 성장한다. 자신과 타인, 특히 엄마와의 관계를 바라보기도 하고, 과거의 자신을 반성하기도 한다. 이치코의 엄마 후쿠코는 이치코가 성인이 되기 직전 겨울에 홀로 코모리를 떠났다. 이치코가 학교 가기 전에 부탁한 머위 된장을 만들어두고. 이치코는 엄마가 왜 떠났는지 이해할 수 없었다. 하지만 코모리로 쫓기듯 돌아와 1년을 혼자 생활하며 조금씩 엄마를 이해하게 된다.

## 이 영화를 선택한 이유

영화는 여름에서 시작된다. 그건 마치 이치코가 젊은 혈기로 무작정 코모리를 떠나던 때와 연결된다. 이치코가 코모리로 다시 돌아온 계절도 여름이다. 무덥지만 초록이 가득하고 생명이 움트는 시기. 덕분에 잡초도 많이 자란다. 우리의 여름은 어떨까? 무모할 정도로 에너지가 넘치는 시기에는 인생의 잡초도 많이 자란다. 잡초를 뽑으려면 우선 잡초가 무엇인지 알아야 하고, 모종까지 뽑지 않도록 조심하면서 하나하나 제거해야 한다. 잡초를 다스리고 나면 우리의 인생 밭은 더 강하고 풍요로워진다. 요리하며 중요한 것들을 하나씩 깨닫는 이치코와 함께 인생에서 꼭 답해야 하는 질문들에 대해 생각해보자.

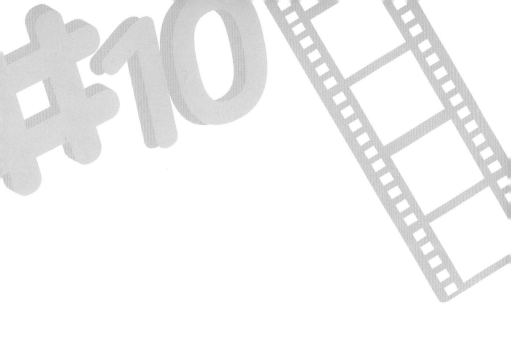

## 열매는 나무에서 떨어져야 자신의 삶을 시작한다

이치코는 어느 여름날, 자신이 살던 코모리 마을로 돌아왔다. 분지인 코모리의 여름은 습도가 매우 높다. 허공에서 수영이라도 할 수 있을 것 같은 날씨다. 이치코는 습기를 제거할 겸 빵을 굽기로 한다. 빵을 굽고 나서 수유 열매로 잼을 만들기 위해 뒷산으로 간다. 수유나무 아래에 떨어진 열매들을 보고 이치코가 씁쓸해하며 말한다.

*많은 열매가 떨어져서 썩어간다.*
*떨어진 건 모두 쓸모가 없을까? 그런 건, 외롭다.*
*(이치코)*

그동안의 모든 과정이 쓸모없다면 어떻게 하나, 걱정되는 마음과 그렇지 않기를 바라는 이치코의 마음을 보여주는 말이기도 하다. 수유 열매와 자신이 비슷한 처지처럼 느껴졌는지도 모르겠다. 아무것도 이루지 못하고 도망치듯 코모리로 돌아온 자신이 마치 땅에 떨어진 수유 열매 같다. 떨어진 수유 열매가 쓸모 있기를 바라는 마음으로 이치코는 잼을 만든다. 맛을 보니 단맛이 부족한 듯하다. 설탕을 더 넣을까 말까 고민하는 사이 잼은 다 졸여졌고 완성된 잼의 색은 탁한 자줏빛이다. 마치 이러지도 저러지도 못하는 자신의 마음 같은 빛깔이다. 이치코도 알고 있다. 결과로 나타나지 않은 모든 과정도 사실은 쓸모없지 않다는 것을. 하지만 알면서도 두렵고 무섭다.

땅에 떨어진 수유 열매는 열매로서 제 할 일을 못 한 것일까? 수유 열매가 수유 열매다워지려면 어떠해야 하는 걸까? 열매가 땅에 떨어져서 썩어가면 수유나무는 안타까워할까? 땅에 떨어져도 수유나무 열매의 본질은 변하지 않는 것 아닐까? 이치코는 땅에 떨어진 수유나무 열매를 안타까워하는 마음이었겠지만, 만약 열매가 땅에 떨어져 싹이 나면 수유나무가 의도한 바가 이루어지는 것 아닐까?

열매가 땅에 떨어져 썩어가는 것을 안타까워하는 건 인간의 시선이다. 수유 열매는 땅에 떨어져서 자신의 의무를 완수했다. 열매는 본체인 나무에서 떨어져 나오며 자신의 새로운 삶을 시작한다. 이치코도 나무에서 떨어져 나와 땅에 떨어져야 한다. 그리고 떨어진 땅에서 뿌리 내리고 싹을 피워 다시 열매 맺을 것이다. 다행히 인간은 식물에는 없는 다리가 있으니 떨어진 곳이 아니라 떨어질 곳을 찾을 수 있다.

## 하우스를 짓지 않는 마음

이치코는 토마토를 기른다. 토마토를 끓여서 껍질을 벗기고 유리병에 보관하면 간식으로도 꺼내 먹고 파스타에 넣어 요리할 수도 있다. 열심히 땀 흘려 일하고 와서 찬물에 담가놓은 토마토를 한입 베어 물면 '이게 행복이지' 하는 말이 절로 나온다. 그렇게 먹다 남은 열매를 땅에 두고 발로 쓱쓱 밟아놓으면 금방 싹이 자라고 무성해진다. 키우기 퍽 쉬워 보인다. 마을 어른들도 다들 하우스에서 토마토를 재배한다. 그런데 유독 이치코는 노지 재배를 고집한다. 그래서 비만 오면 키우던 토마토가 누렇게 변해 버린다. 다음은 그런 이치코의 마음을 알 수 있는 대사다.

*토마토를 노지 재배하면 비에 매우 약하다.*
*하지만 하우스를 지으면 코모리에 정착하게 될까 봐*
*나는 하우스를 짓지 않고 있다.*
*(이치코)*

습기만 차단해주면 쉽게 재배할 수 있는 토마토를 굳이 노지 재배하는 이치코에게 하우스를 짓는 것은 코모리 마을에 정착하겠다는 의미다. 반대로 하우스를 짓지 않는 것은 늘 열심히 땀 흘려 일하겠지만 언제든 코모리를 떠날 수 있는 상태를 유지하겠다는 의지의 표현이다. 하우스를 지어도 떠나려면 떠날 수 있지만 이치코는 자신을 믿지 못한다. 얼떨결에 눌러앉게 될까 봐 경계한다. 이도 저도 아닌 상태다. 땅을 딛고는 있지만 붕 떠 있는 것 같은 그런 상태인 것이다.

우리도 마음속에 이런 고민 하나쯤 가지고 살아간다. 안전한 하우스를 지을까 말까. 그런데 하우스를 지으면 떠나고 싶을 때 떠나지 못할까 봐 고민한다. 만약 떠나려고 할 때 하우스 안에 토마토가 풍성하게 열려 있으면 그것을 포기할 수 있을까? 풍요로움은 나쁘지 않다. 다만 그것에 익숙해져서 자신의 진짜 마음을 외면하는 것이 문제다. 원하는 것을 선택할지, 현실에 안주할지는 결국 자신의 선택이다. 나는 어떤 하우스를 지었는가? 혹은 짓기를 망설이고 있는가? 한 번쯤 생각해봐야 할 질문이다.

## 제대로 보는 게 먼저다

이치코는 고향에 와서 쉬지 않고 일한다. 여름내 잡초를 뽑고 농사를 지어야 한다. 가을에는 겨울을 맞이하기 전에 땔감을 준비하고 겨울에 먹을 식량인 채소를 절여둬야 한다. 무말랭이와 고구마말랭이도 준비하는데 꽤 손이 많이 간다. 이치코는 코모리에서의 하루하루를 바쁘고 알차게 보낸다. 그런데 어느 눈이 많이 오던 날, 이치코와 함께 걷던 친구 유우

타가 무심한 듯 툭 건네는 말에 이치코는 번쩍 정신이 든다. 속을 들킨 것 같은 기분이다.

*열심히 사는 건 좋아 보이는데*
*한편으론 제일 중요한 뭔가를 회피하고*
*그 사실을 자신에게조차 감추기 위해*
*'열심히' 하는 걸로 넘기는 게 아닌가 싶어.*
*그냥 도망치는 거 아니야?*
*〈유우타〉*

인생의 중요한 문제를 마주하는 것은 불편한 일이다. 보기 싫은 자신의 내면을 들여다봐야 한다. 어쩌면 구질구질한 현실과 암울한 미래를 인정해야 한다. 마주해야 하는 현실을 피해 도망쳐도 문제는 사라지지 않는다. 반창고로 덮어놓은 상처처럼 적절한 조치를 하지 않으면 염증이 번져서 곪는다. 덮어둔다고 마음속에서 사라지지도 않는다. 늘 마음 한편에 눌러놓은 돌처럼 묵직한 답답함이 자리한다.

마음속 돌덩이를 없애는 가장 좋은 방법은 문제를 바라보는 것이다. 무시무시해 보이는 덩치 큰 문제도 가만히 들여다보면 점차 안개가 걷히고 알맹이가 나온다. 그리고 그 알맹이는 생각보다 크지 않다. 도망치는 것은 그때 해도 늦지 않다. 우선은 제대로 바라보는 게 먼저다. 내가 해결할 수 있는지, 아니면 도움이 필요한지, 누구의 도움을 받을 수 있는지, 지금 해결할 수 있는지, 그리고 무엇이 두려운지도 마주해야 한다. 이치코가 느끼는 두려움의 실체는 거품으로 부풀어 오른 자신 안의 진짜 나를 확인하고 싶지 않은 마음이다. 진짜 나와 거품 사이의 갭을 인정하고 나면 문제는 더 이상 문제가 아닐 수 있다. 초라해 보이는 작은 나를 인정하고 나면 지금까지 느낀 불안은 생각보다 별것 아니게 된다. '이게 나인데 뭐 어때?' 땅에 떨어진 쓸모없어 보이는 작은 수유 열매도 자라서 열매 맺는 나무가 된다.

## 인간은 나선 그 자체인지도 모른다

엄마는 이치코가 스무 살이 되기 직전의 어느 날 말 없이 집을 나갔다. 이치코가 도시로 떠났다가 코모리로 돌아와 처음 맞는 늦가을에 엄마에게서 편지가 온다. 인간은 나선일지도 모른다는 독백이 적힌 편지였다.

> *인간은 '나선' 그 자체인지도 몰라.*
> *같은 장소를 빙글빙글 돌지만 나선은 조금씩 커지게 될 거야.*
> *(엄마의 편지)*

이치코는 도시에서 겪은 일들과 더불어, 도망치듯 돌아온 코모리에서의 생활을 통해 엄마를 어렴풋이 이해하게 됐다. 하나뿐인 딸만 남겨두고 훌쩍 집을 나가서 연락 두절된 건 심하다고 생각하면서도, 이치코의 엄마가 아닌 자신만의 존재 의미에 대해 고민하며 고독의 시간을 보냈을 한 사람으로서의 엄마를 이해하게 된 것이다. 엄마의 감자빵 비밀 레시피를 맞추려고 이리저리 시도하다 실패한 이치코는 결국 자신만의 감자빵 레시피를 완성한다.

이치코의 엄마 후쿠코는 누구의 엄마, 아내가 아닌 한 인간으로서의 성장을 생각하는 사람이다. 자신뿐 아니라 이치코를 바라보는 시선도 그렇다. 딸로서만이 아니라 한 인간으로의 이치코를 생각한다. 자신의 감자빵 레시피를 원하는 이치코에게 끝까지 알려주지 않는 것도, 자신이 읽을 책은 스스로 찾으라고 말하는 것도 후쿠코가 이치코를 어떻게 바라보고 있는지를 보여준다. 같은 자리를 맴도는 것 같아서 괴로웠던 후쿠코는 결국 인간은 나선일지도 모른다는 결론을 내린다. 원이 아니라 나선이라면 위로든 아래로든 아니면 옆으로든 커지게 될 테니 같은 자리는 아닐 거라는 깨달음을 얻는다.

어제의 자신보다 오늘 더 나아지려고 노력하지만, 늘 같은 자리에서 머물러 있는 듯한 기분이 들 때 얼마나 괴로운가. 그럴 때면 이걸 기억하자. 머물러 있는 것 같아서 괴로운 마음이 든다는 건 어제보다 오늘 더 앞으로 나아가려는 마음이 있다는 증거라는 것을. 흐르는 강물에서 멈춰 있을 수는 없다. 나아가거나 후퇴하거나 둘 중 하나일 뿐. 그러니 내가 지금 멈춰 있는 것 같은 생각이 든다면 거센 물결을 거슬러 올라가는 중임을 알아차리자. 나아가는 사람이 만나는 모든 경험은 유의미하다. 성공이든 실패든 거기에 배움이 있을 테니까.

## 영화가 전하는 메시지

〈리틀 포레스트〉는 '본격 퇴사 권장 영화' 혹은 '귀농 장려 영화'라는 재미있는 별명을 가지고 있다. 그도 그럴 것이 영화 속 평화로운 장면을 보고 있노라면 입가에 미소가 절로 걸리기 때문이다. 집 앞마당에서 갓 캐온 당근으로 스튜를 만들고, 눈 덮인 밭에서 머위를 따서 머위된장을 만들어 먹는다. 노지 재배한 토마토는 여름내 햇볕을 받아 싱그럽다. 동네 어른들께 모르는 것을 물어보고 조언을 구하며 관계가 촘촘해진다. 마실을 다니며 집마다 조금씩 다르게 만든 밤 조림을 서로 권한다. 삶을 공유하며 서로에게 위로가 되어주는 온기가 느껴진다. 직접 심고 일구고 거두어 살아가는 건강한 삶이 담백하다. 편리한 도시 생활에서 느끼는 회색빛 스트레스를 잠시나마 내려놓는다.

바쁘게 돌아가는 도시에서는 배우지 못한 것들을, 이치코는 코모리에서 온몸으로 깨닫는다. 자신을 위한 매 끼니의 공들인 식사를 통해, 발소리를 듣고 자라는 벼를 통해, 눈 덮인 땅속의 머위를 통해, 추위를 조미료 삼아 익어가는 무말랭이를 통해. 그리고 익숙해서 지나쳤던 엄마의 정성을 이치코는 이제야 알게 된다. 엄마의 푸성귀 볶음은 겉껍질을 매번 벗겨서 만든 정성 어린 음식이었음을, 항상 덜렁대고 대충하는 것은 엄마가 아니라 자신이었음을. 수많은 시행착오 끝에 이해의 공간이 생긴다. '실패'라고 이름 붙였던 많은 순간들이 사실은 성장하는 나이테 사이의 공간이었음을 깨닫는다. 도망치듯 도피처로 삼아 찾아온 코모리에서 이치코는 여름을 지나 가을과 겨울을 보내고, 봄의 문턱에서 자신의 인생을 정면으로 마주하기로 결심한다.

## 누구의 가족이 아닌, 나를 발견하기

영화 〈리틀 포레스트〉의 진행은 평화롭고 잔잔하다. 대화도 거의 없이 계절마다 음식 일곱 가지가 진행될 뿐이다. 하지만 이치코의 내면은 분주하다. 인생을 제대로 대하는 자신을 만나기 위해 치열하게 날을 갈고 있다. 이치코는 겨울을 보내며 말한다. 추우면 힘들긴 하지만 춥지 않으면 만들 수 없는 것도 있다고. 추위도 소중한 조미료 중의 하나라고. 이치코는 돌고 도는 계절 중 인생의 겨울을 보내고 있는 건지도 모른다. 하지만 추위 덕분에 앞으로 살아갈 많은 날들을 요리하기 위한 소중한 조미료를 얻었다. 그리고 엄마가 끝까지 가르쳐주지 않은 감자빵 레시피를 연구해서 드디어 자신만의 것을 만들었다.

이제 이치코는 누구의 딸이 아닌 이치코 자신으로 살아갈 것이다. 앞으로도 이치코가 만드는 수유 열매 잼은 때로는 덜 달고 탁하겠지만, 그리고 이치코가 바라보는 하늘에 때로는 먹구름이 낄지도 모르지만, 이치코는 잼과 하늘을 통해 자신의 마음을 들여다볼 것이다. 그리고 이치코가 그리는 나선이 어제보다 오늘, 위로든 옆으로든 조금은 더 커져 있을 것이다. 우리의 나선이 그러하듯이.

**?!** 영화 〈리틀 포레스트〉에서
건져 올린 질문들

- 나에게 '요리'는 어떤 의미인가?

- 나에게 '제철 음식', '제철 재료'는 어떤 의미인가?

- 나에게 '리틀 포레스트'는 어디인가?

- 나는 어떤 사람을 존경하는가?

- 내 상태를 알아차리게 해주는 '음식'은 무엇인가?

- 부모님을 나와 같은 하나의 '존재'로 바라보게 된 계기가 있다면 언제인가?

- 내 삶에서 소중한 조미료가 된 '추위'는 무엇인가?

- 조바심이 나지만 가장 좋은 때를 위해 기다리는 것이 있다면 무엇인가?

- 내가 그리는 나선이 조금씩 커지고 있다는 것은 나에게 어떤 의미인가?

> 내가 만든 질문

# 나미야 잡화점의 기적

감독: 히로키 류이치
출연: 야마다 료스케(아츠야), 니시다 토시유키(나미야 유지),
　　　무라카미 니지로(쇼타)
개봉: 2018.02.28.
등급: 전체 관람가

**영화 줄거리**

한밤중 어느 집에서 가방 하나를 훔쳐 나온 3인조 도둑. 이들은 훔친 차를 타고 한 폐가로 몸을 피한다. 폐업한 지 30년이 넘은 '나미야 잡화점'의 빈 건물이었다. 나미야 잡화점의 주인인 나미야 유지는 폐업하기 전까지 고민 상담을 해주었다. 누군가 익명으로 고민을 써서 편지를 보내면 나미야가 정성스럽게 답장을 써주는 방식이었다. 그런데 어찌 된 영문인지 3인조가 폐가에 숨어든 날 밤, 30년 전 과거로부터 편지가 도착했다. 첫 번째 편지를 보낸 '생선가게 뮤지션'은 대학을 포기하고 음악을 선택했는데 생각보다 잘 풀리지 않는다고 했다. 게다가 생선가게를 홀로 운영하며 생계를 책임져온 아버지가 쓰러져 병원에 입원했다고 한다. 두 번째 편지는 유부남 애인과의 사이에서 아이가 생겼지만 홀로 어렵게 아이를 낳아 키울 자신이 없었던 '그린 리버'에게서 온다. 세 번째 편지를 보낸 '길 잃은 강아지'는 자신을 키워준 은인에게 보답하기 위해 큰돈이 필요하다. 3인조는 과거에서 온 고민 편지에 장난삼아 답장을 써서 보내는데, 신기하게도 그들의 답장이 사연 속 인물들의 과거와 현재에 영향을 주게 된다. 과거가 연결된 그날 밤, 3인조는 이 모든 것이 우연이 아닌 하나의 인연으로 연결되어 있다는 사실을 알게 된다.

**이 영화를 선택한 이유**

우리가 지나고 있는 '지금'은 늘 고민이 많은 시기다. 과거가 후회되고 미래가 불안해서 현재에 집중할 수 없을 때, 내면에는 수없이 많은 질문이 떠오른다. 인생에도 매뉴얼이 있으면 좋겠다고 생각하게 된다. 어떻게 살아야 하나고 누구에게라도 묻고 싶어진다. 자신의 고민을 듣고 누군가 정답을 말해줬으면 좋겠다는 생각을 한다. 영화 〈나미야 잡화점의 기적〉이 우리에게 정답을 주지는 않는다. 하지만 스스로에게 질문하고 나름의 답을 찾을 수 있도록 용기를 북돋아 준다. 인생을 큰 그림으로 보고 자신만의 미래를 그리는 방법도 발견하게 해준다. 영화를 통해 미래를 향해 나아가는 자신, 혹은 누군가를 위로하고 지지하는 방식에 대해서 생각해보자.

## 질문을 대하는 자세

영화는 우주비행사가 되고 싶은 아이의 질문에서 시작한다. 왜 영화
는 이 장면으로 시작할까? 바로 고민 상담을 하는 잡화점 주인 나미야의
성정과 태도가 가장 잘 드러나는 장면이기 때문이다. 이 장면을 통해 그
가 어떻게 질문을 대하는지, 그리고 사람을 향한 시선이 어떠한지를 알
수 있다. 이렇듯 나미야 잡화점에서는 물건을 파는 것 외에 고민 상담을
해준다. 익명으로 게시판에 고민을 적어서 붙여놓으면, 나미야가 답장을
써서 게시판에 다시 붙여놓는 방식이다. 진지한 고민에 대한 답장은 우유
배달통 안에 넣어둔다. 누군가는 장난으로 넘길 짧은 질문도 나미야는 진
지하게 대한다. 다음은 영화의 첫 고민이다.

"

저는 우주비행사가 되고 싶어요.
그런데 멀미를 심하게 해요.
어떻게 하면 좋죠?

우주비행사도 선원도 처음에는 모두 멀미를 한다고 해요.
아직 포기하기엔 빠른 듯해요.
꿈이 이루어지기를 바랄게요.

나미야 유지

"

나미야의 대답을 통해 그가 가진 '사람에 대한 믿음과 긍정적인 시선'을 알 수 있다. 원하는 영역에서 이미 꿈을 이뤄 저 멀리에 있는 것 같은 사람에게도 시작은 있고 처음은 누구에게나 어려울 수 있다는 조언이다. 종이 위에 눌러 쓴 글씨에서도 그의 따뜻한 마음이 느껴진다. 고민을 적은 사람을 향한 온전한 지지를 발견할 수 있다.

처음부터 잘하는 사람은 없다. 우리가 알고 있는 어떤 천재도 마찬가지이다. 사람은 보호와 보살핌을 필요로 하는, 완벽하게 무방비한 모습으로 태어난다. 생태계의 어느 종보다 약하다. 그런 인간이 지구상에서 살아남은 이유는 어떻게 해야 살아남을 수 있을지 방법을 찾고, 학습하고, 더 나은 방향으로 나아가는 법을 다음 대에 전했기 때문이다. 우주비행사가 되고 싶은 아이는 그 꿈을 품은 것만으로 한 걸음 내디뎠다. 그 방향으로 걷는 길에서 많은 경험을 할 것이다. 문제에는 반드시 답이 있다. 답을 찾지 못하는 이유는 문제를 발견하지 못했거나 질문이 잘못되었기 때문이다. 문제를 발견했다면 답을 찾을 수 있는 첫 번째 문을 열었다고 할 수 있다.

나미야 잡화점 게시판에 올라오는 고민은 모두 익명이다. 나이, 성별, 직업 등 무엇도 드러나지 않는다. 대부분 자신의 인생에 대한 고민을 털어놓는다. 나미야는 누구인지 모르는 사람에게 답장을 하므로 정확한 판단을 할 수 없다. 컨설팅도 멘토링도 상담도 불완전할 수밖에 없다. 그래서 나미야는 자신이 할 수 있는 최대한의 온기를 답장에 담는다. 고민을 털어놓는 사람이 정말 원하는 것은 정답이 아닐지도 모른다. 그저 털어놓고 싶었는지도 모른다. 자신의 인생에 대한 질문의 답을 가장 잘 아는 이는 자기 자신이다. 자기 안에 모든 답이 들어 있다. 그러니 철저한 분석과 냉철한 판단의 조언은 다음 문제이다. 고민을 털어놓는 이들은 마음을 헤아려주고 온전한 지지를 받는 것만이 원하는 전부일 수 있다. 자신을 응원하는 사람이 있다는 것이 무엇보다 큰 힘이 되기 때문이다.

세상은 불가능하다고 여겨지는 것들을 극복하며 발전해왔다. 불가능은 '아직' 가능하지 않을 뿐이다. 그리고 중요한 한 가지, 우주비행사가 되고 싶은 이유에 힌트가 들어 있다. 무엇을 위해 우주비행사가 되고 싶은지 스스로 답을 찾으면, 자신에게 우주비행사뿐 아니라 다른 길도 있다는 것을 알게 된다. '왜?'라는 질문이 중요한 이유다.

## 질문의 본질

질문에는 질문자의 의도와 욕구가 들어 있다. 특히 고민 상담인 경우에는 더욱 원하는 바가 드러난다. 원하는 것이 있지만 얻을 수 없을 것 같아서 고민이 된다. 나미야는 그 마음을 읽어낸다. 나미야의 상담은 두 가지를 전제한다. 첫 번째, 자신에 대해서 가장 잘 아는 이는 자기 자신이다. 두 번째, 자신에 대해 어떻다고 생각하고 있는 것은 그 자체로 맞다. 그러한 관점 자체가 정답이라기보다는 스스로 자신을 그렇게 보고 있다는 것을 인정하는 측면이다. 자신에 대한 문제에 답을 하려면 자기가 어떤 사람인지 스스로 묻고 답하며 발견해나가야 한다. 이 과정에서 '나는 이런 사람이구나'라는 자기 개념이 생긴다.

고민 상담

> 시험에서 백 점을 받으려면 어떻게 해야 하나요?

나미야 유지

> 선생님에게 부탁해 당신에 대한 시험을 보세요.
> 본인에 관한 문제라면 당신의 대답은 모두 옳습니다.
> 항상 백 점 만점일 겁니다.

나미야의 이 답장을 두 아이가 함께 읽는다. 한 아이는 "뭐예요? 이건 사기잖아요"라고 반응하는 반면, 다른 아이는 "나미야 아저씨, 역시 대단해요!"라며 눈을 반짝인다. 질문에서 '시험'이라는 단어를 교과 시험으로만 고정하면 나미야의 답이 황당할 수밖에 없다. 지금껏 그런 시험은 없었으니까. 하지만 '백 점'에 초점을 맞춘다면 재치 만점의 아주 지혜로운 답이 된다. 백 점을 받으려면 어떤 문제가 나와야 하는지로 질문이 재해석된다. 나미야의 답변을 보고 인생의 중요한 지혜를 얻은 듯 눈을 반짝인 아이는 커서 교장 선생님이 되었다. 아이들이 자신에 관한 문제를 풀게 하고 모두가 백 점을 받는 경험을 하도록 해준 초등학교 선생님을 거쳐서 말이다. 이 선생님을 만났던 아이들은 자신에 대한 문제에 답을 작성하며 건강한 인격의 요소인 자기수용에 이르렀을 것이다. 백 점을 받았으니 자기효능감도 높아졌겠고. 초등학교 시절에 좋은 선생님을 만난 것은 행운이지만, 그 시험에서 백 점을 맞았다면 스스로를 알려고 노력한 덕분이다.

시간이 흘러 노인이 된 나미야는 자신이 고민 상담을 해서 타인의 인생에 잘못 개입했으면 어쩌나 하고 불안해한다. 개입하지 않았다면 일어나지 않았을 불행한 일이 자신 때문에 일어난 것은 아닌지 걱정된다. 그래서 고민 상담을 했던 사람들에게 메시지를 전한다. 자신이 그들의 인생에 어떤 영향을 주었는지 알려달라고. 나미야는 자신의 답장을 읽은 아이가 교장 선생님이 되었고, 교육자 인생에 도움을 준 것에 감사하다는 편지를 읽으며 안도의 숨을 내쉰다. 영화는 이 장면을 통해 불안해하는 나미야를 위로하는 동시에 관객에게 메시지를 전한다. 같은 답장을 받고 다르게 반응하는 두 아이를 통해, 인생을 바꾸는 것은 조언 자체가 아닌 그 조언을 받아들이는 이의 선택에 달려 있다고.

　질문에 대한 가장 좋은 답은 질문을 떠올린 본인 내면에 있다. 그럼에도 고민 상담을 의뢰하는 이유는 자신의 결정에 대한 응원과 지지를 받고싶기 때문인지도 모른다. 혹은 누군가에게 질문함으로써 결정을 미루고책임을 떠넘기고 싶은 마음일 수도 있다. 질문을 대하며 알아차릴 수 있는 것은 두 가지 차원으로 볼 수 있다. 첫 번째, 질문을 받는 입장이라면그 질문을 대하는 나의 감정과 생각을 알아차린다. 질문을 받고 어떤 감정이 올라오는지, 그 감정은 어떤 생각과 연결되는지를 살핀다. 두 번째,질문을 하는 입장이라면 그 질문의 더 깊은 곳에는 나의 어떤 의도가 들어 있는지 알아차린다. 궁금한 것이 있어서 알고 싶은 것인지, 아니면 지지와 응원을 받고 싶은 것인지 알아차리는 것만으로도 선택의 방향이 달라진다. 우리는 인생을 살면서 수많은 선택을 한다. 선택의 순간에는 그선택이 미래에 어떤 결과를 가져올지 알 수 없기에, 마음이 보내는 메시지를 잘 들어야 한다. 내가 가장 원하는 것은 무엇인지, 내 인생에서 끝까지 붙잡아야 하는 것은 무엇인지. 중요한 것은 질문이 필요한 문제 자체가 아니라 그 문제를 바라보는 우리의 시선이다. 그리고 그 시선을 매 순간 알아차린다면 과거도 미래도 아닌 지금, 여기에서 현재의 삶을 누릴 수있다.

# 영화 속 장치, 시간

3인조 강도는 과거로부터 오는 편지를 보며 기묘함을 느끼고 나미야 잡화점을 벗어나려고 뛰어나간다. 그런데 계속 뛰어도 같은 자리를 맴돌고, 심지어 안개를 뚫고 도착한 곳은 나미야 잡화점 앞이다. 이 장면은 〈센과 치히로의 행방불명〉의 한 장면과 오버랩된다. 치히로가 센이 되기전 신들의 세계에 들어갈 때 어둠이 밀려오며 음식점이 늘어선 길을 따라 등불이 순차적으로 켜지는데, 이 장면은 '이제부터 시간의 흐름이 현실과는 다른 세계가 펼쳐진다는 것'을 관객들이 인식할 수 있도록 보여주는 장치이다. 〈나미야 잡화점의 기적〉에서도 상점가에 순차적으로 켜지는 전등을 통해 시간의 흐름이 변했음을 관객에게 전달한다. 이 장면 후 세 명의 청년은 32년 전의 과거와 현재가 연결된 나미야 잡화점에 머물며 과거에서 오는 편지에 답장한다.

이 장면이 중요한 이유는 〈나미야 잡화점의 기적〉의 중요한 장치가 바로 '시간'이기 때문이다. 원작 소설보다는 덜 복잡하지만 영화에서도 시간의 교차가 계속 일어나는데, 이것을 시각적으로 보여주는 첫 장면이기도 하다. 과거와 현재가 인물들 사이에 매우 정교하게 연결된다. 마치 줄로 이어진 것처럼, 운명처럼 말이다. 이러한 장치가 불편한 이들도 있고 재밌게 느껴지는 이들도 있을 것이다. 불편하거나 거슬린다면 그 감정이 어떤 생각과 연결되어 있는지, 재미있다면 어떤 점 때문인지 감정 너머를 탐색해보자. 우리의 감정, 특히 부정적인 감정은 여러 가지 정보를 담고 있다.

만약 감정을 제대로 만난다면 우리를 구성하는 숨어 있는 조각들을 찾을 수 있다. 과거의 경험과 감정 그리고 그때를 바라보는 현재의 시선은 맞물려 있다.

영화의 장치처럼 과거와 현재가 매우 정교하게 연결되었다고 느꼈던 경험이 있는가? 혹은 우연이 아니라 운명 같다고 느낀 적은? 그런 경험과 영화의 장면은 어떻게 연결되는가?

인간은 3차원을 사는 존재이기에 현재만 인식할 수 있다. 그래서 우리에게 일어나는 일들이 미래에 어떻게 연결될지 지금은 알 수 없다. 하루하루 특별할 것 없는 날들이 이어지고 같은 일상을 반복하는 것만 같을 때도 있다. 때로는 실패한 인생처럼 느껴지는 일을 겪기도 한다. 그런데 지난날을 돌아보면 지금의 내가 되기 위해 그 모든 일들을 겪은 것이 아닌가 싶을 때도 있을 것이다. 어떤 경험에서도 배울 것을 찾겠다는 의지가 있다면 모든 경험은 우리에게 많은 성찰을 선물한다. 때로는 성공이라고 생각했던 시간보다 실패라고 판단했던 순간이 더 많은 성장을 불러일으키기도 한다.

## 타인을 향한 시선, 나를 반영하다

과거로부터 온 '길 잃은 강아지'의 고민 편지가 문틈으로 들어온다. '길 잃은 강아지'는 자신을 키워준 은인에게 보답하기 위해 큰돈이 필요하다. 그래서 낮에는 회사에 나가고 밤에는 술집에서 일하는데, 손님의 솔깃한 제안에 흔들린다. 이 손님을 믿어도 될지 물어보는 편지에 아츠야는 화가 나 이렇게 말한다.

> 그 여자는 남자에게 속아서 아비 없는 자식을 낳고
> 그 애도 한심하게 살 거야.
> 사람의 운명은 그렇게 쉽게 바뀌지 않아!
> *(아츠야)*

아츠야가 이 편지를 읽고 그토록 화가 난 이유는 무엇일까? 그는 자신의 이야기를 하고 있다. '아비 없는 자식'은 바로 아츠야 자신을 의미한다. 남자에게 속는 바보 같은 여자는 '길 잃은 강아지'가 아닌, 바로 자신의 어머니다. 아츠야가 편지를 쓴 사람에게 화내는 것처럼 보이지만, 사실 그 감정은 자신과 자신을 낳고 고아원에 두고 간 어머니를 향한다. 아츠야는 이 편지를 쓴 주인공이 자신의 어머니와 겹쳐 보여서 화가 나 견딜 수 없다.

누군가를 향한 강한 감정이 올라올 때 그 감정을 들여다보면 빙산 조각처럼 수면 위의 감정은 분노지만, 수면 아래에는 여러 가지 감정이 복합적으로 연결되어 있는 경우가 많다. 아츠야의 분노 아래에는 두 개의 감정 방이 있는데, 하나는 '길 잃은 강아지'를 향한 방이고 다른 하나는 자신을 향한 방이다. 첫 번째 방에는 안타까움, 속상함, 신경 쓰임, 답답함

등이 있고, 두 번째 방에는 수치심, 괴로움, 먹먹함, 쓰라림, 아픔 등의 감정이 있다. '길 잃은 강아지'를 위한 감정의 바닥에는 편지의 주인이 행복하기를 바라는 마음이 있다. 판도라의 상자 속 작은 희망처럼 말이다. 자신을 향한 감정의 아래에는 더 나은 자신이 되고자 하는 마음이 들어 있다. 아츠야의 어릴 적 꿈은 사람을 살리는 의사였다. 그런 그가 강도 짓을 하고 폐가에 숨어 밤이 지나기만을 기다리고 있는 상황이니 어떤 마음이 들었을까? 그리고 (영화에 나오진 않았지만) 고아원에서 자라며 현실의 벽에 부딪힐 때 어떤 심정이었을까? 그의 나이는 고작 십 대 후반, 혹은 이십 대 초반이다. "사람의 운명은 그렇게 쉽게 바뀌지 않아"라고 말하는 아츠야의 말은 "나는 운명을 바꾸고 싶어. 그런데 잘 안 돼. 힘이 없어. 속상해"라고 들린다. 그의 눈물은 운명을 바꾸고 싶은 사람의 좌절과 낙담의 마음이다.

우리는 타인을 향한 시선을 통해 자신을 향한 시선도 볼 수 있다. 언제 화나는지, 무엇에 감정이 걸려드는지, 타인의 어떤 단점이 유독 싫은지, 내가 특히 힘들어하는 감정은 무엇인지 가만히 들여다보면, 맑은 거울에 비추듯 나의 모습을 발견할 수 있다. 타인에게 하는 조언과 충고도 마찬가지이다. 그 말은 자신에게 하는 말일 때가 많다. 타인을 향한 시선이 나를 반영한다. 이것을 알아차리는 사람이 있고 그렇지 못한 사람이 있다. 부정적인 감정이 타인을 향할 때 그 감정의 방향과 종류, 그리고 더 깊은 곳에 어떤 생각과 욕구가 연결되어 있는지 알아차리는 연습을 해보면 어떨까? 스스로를 더 잘 알 수 있게 될 것이다.

# 용기와 실존

아츠야는 나미야 잡화점 건물 밖과 안의 시간이 다르게 흐르고 있음을 눈치채고 밖으로 나가서 문틈으로 빈 종이를 넣어본다. 종이는 안으로 들어오지 않고 32년 전의, 죽기 직전의 나미야에게 전해진다. 빈 종이가 고민 상자에 담긴 것을 의아한 표정으로 바라보던 나미야는 펜을 들고 무언가를 쓰기 시작한다. 영화의 마지막 즈음, 아츠야는 과거로부터 온 나미야의 답장을 받게 된다.

나미야 유지

> 이름 모를 아무개님,
> 당신이 백지를 보낸 이유가 있을 거라 생각합니다.
> 좌절하지 마십시오.
> 부디 포기하지 마십시오.
> 당신의 미래는 아직 백지입니다.
> 백지이므로 그 어떤 미래도 그려 넣을 수 있습니다.
> 모든 게 당신에게 달렸습니다.

> 당신이 이제 이 편지를 받을 일은 없겠죠.
> 하지만 어딘가에서 지켜보고 계시리라 믿습니다.
> 사람을 믿게 해주셔서 감사합니다.
> 이름 모를 아무개 올림.

아츠야

아츠야는 나미야의 편지를 받은 뒤, 전해지지 않을 답장을 쓴다. 이 편지는 아츠야가 스스로에게 하는 다짐이기도 하다. 잘못에 대한 벌을 받고 정직하고 성실하게 자신의 백지에 미래를 그려나가겠다는 빛나는 결심이 얼굴에 차오른다. 상담 편지의 힘일까? 그럴 수도 있지만 사람은 그렇게 쉽게 변하지 않는다. 결국 이들이 변한 것은, 아니 변한 것처럼 보이는 것은 자신들의 내면에 원래 가지고 있던 가치를 발견했기 때문이다. 타인의 고민을 듣고 그들을 위해 편지를 쓰면서 자신의 과거와 만나 화해하고, 자신에게 하고 싶은 조언과 충고를 하다가 깊은 곳에 잠들어 있던 진심을 발견한 것이다. 그들은 어린 시절 꿈나무 게시판에 써서 붙였던 그 꿈을 다시 찾았다.

나미야 잡화점에서의 기묘한 밤이 지나고 세 청년은 행동에 대한 책임을 지기로 선택한다. 그리고 경찰이 지키고 있는 범행 현장으로 뛰어간다. 몇 년 후, 그들은 어린 시절 꿈 카드를 작성할 때의 마음으로 항공기술자, 요리사, 물리치료사가 된다. 나미야의 답장처럼 '그들의 하얀색 인생 도화지에 그려진 빛나는 그림'을 완성하고 있다. 이들이 낸 용기는 키르케고르의 '걱정되는 일을 바로 마주하는 자세' 혹은 니체의 '인간 내면의 가장 어두운 부분까지 들여다볼 수 있는 능력'이기도 하다. 원래 가지고 있던 그들 내면의 가치인 것이다. 지금까지는 세상을 원망하고 인생이 의미 없다고 생각했지만, 과거와 현재가 연결되는 시간의 흐름 속에서 타인의 인생에 관여하며 이제는 삶을 제대로 마주해야겠다고, 삶의 권태를 극복하고 실존해야겠다고 결심했는지도 모른다. 이제 세 청년은 세상 속에서 온전히 홀로 서는 자신으로 있겠다고 다짐한 듯 보인다.

## 영화가 전하는 메시지

영화 〈나미야 잡화점의 기적〉은 두 가지 장치로 우리에게 메시지를 전한다. 바로 그림과 노래 가사다. 그림을 먼저 보자. 마루코엔 고아원에 불이 나기 전, '생선가게 뮤지션'이 원장과 이야기를 나누는 장면의 중앙에 그림이 하나 걸려 있다. 두 사람이 손을 마주 잡고 하늘에 떠 있는 그림이다. 주위에는 흰 새들이 날고 있고 큰 무지개가 하늘에 걸려 있다. 감독은 영화 〈나미야 잡화점의 기적〉의 비밀을 담은 것 같은 이 그림을 무심하게 (하지만 잘 보이는 곳에) 두었다. 그림 속에서는 나미야와 아키코의 영혼이 만나 서로를 보며 웃고 있다(아키코는 나미야가 젊은 시절에 사랑했던 사람으로, 신분의 차이로 이루어지지 않았다). 그림 배경에는 조각난 스테인드글라스가 연상되는 문양이 있다. 각각의 조각을 떼어서 보면 무슨 모양인지 알 수 없지만, 연결해서 큰 그림으로 보면 알 수 있는 것. 바로 우리의 인생을 닮았다. 힘들고 무의미해 보이며 실패한 것처럼 보이는 수많은 점 같은 인생의 순간들이, 연결해보면 하나의 의미 있는 그림이 되어 있는 것을 우리는 인생 속에서 기적처럼 발견한다.

〈REBORN〉은 '생선가게 뮤지션'의 곡에 유명 가수 세리가 가사를 지어 부른 노래다. 화재 현장에서 세리의 동생을 살리고 죽은 '생선가게 뮤지션'을 기억하며 부르는 노래다. 이 가사는 아키코와 나미야의 이야기이기도 하다. 아키코는 나미야와 헤어지고 평생을 독신으로 살며 마루코엔 고아원을 만들어 평생을 마음으로 나미야와 동행했다. 나미야는 잡화점을 운영하고 고민 상담을 하며 일생을 통해 아키코와 연결되었다. 나미야는 가정을 이루었지만, 그의 마음이 불순했다고 생각할 수는 없다. 영화에는 나오지 않지만 성실한 그의 삶을 통해 아내에게 좋은 남편이었을 나미야의 모습을 상상할 수 있기 때문이다. 그리고 영혼으로 나타난 아키코 역시 노년의 나미야와 대화하기 전 그의 부인을 모신 신당에 예의 바르게 허락을 구하는 모습을 통해, 그들이 생전에 불순한 의도를 가지고 만난 일은 없었다는 것을 알 수 있다. 그저 서로의 존재가 인생에서 중요한 의미였고, 그것이 삶 속에서 타인을 돕는 동력이 되었다. 나미야 잡화점의 기적은 나미야와 아키코의 시공을 초월하는 영혼의 연결로 시작된다. 우리가 기적이라 부르는 많은 일들이 어쩌면 우리가 지나온 인연으로 시작되었는지도 모른다.

## 우리 인생은 기적이다

영화 〈나미야 잡화점의 기적〉은 우리의 인생이 평범한 듯 보여도 기적인 이유를 말하고 있다. 당장은 알 수 없지만 시간이 지나면 알 수 있는 기적. 가까이에서 보면 의미 없는 조각 모음 같지만 멀리서 보면 의미 있는 작품이 되는 것이 우리 인생이다. 영화를 통해 만나는 가장 중요한 질문은 자기 자신을 향해야 한다. 나에게 기적은 무엇인지, 어떤 기적이 일어나기를 바라는지, 어떤 기적을 만들 것인지, 그래서 삶은 나에게 어떤 의미인지. 'REBORN'은 '다시 태어나다', '<sup>(영적으로)</sup> 거듭남'이라는 뜻을 가진 단어다. 영화 속 등장인물들은 어떤 계기를 통해 마치 다시 태어난 것처럼 이전의 삶과 다른 삶을 살게 된다. 영화에서 건져 올린 질문들에 답하며 우리의 인생에서도 'REBORN'의 의미를 찾게 되기를, 그래서 인생 도화지에 그리고 싶은 그림의 시작점을 찍게 되기를 바란다.

영화 〈나미야 잡화점의 기적〉에서
건져 올린 질문들

● 내 안의 '생선가게 뮤지션'은 어떤 고민이 있는가?

● 꼭 만나고 싶은 사람이 있는가? 그 사람을 생각하며 사는 것이 내 인생의
  방향에 어떤 영향을 주는가?

● 내가 살아온 인생길에서 어떤 기적을 만났는가?

● 과거와 현재가 매우 정교하게 연결되어 있다고 느낀 경험이 있는가?

● 우연이 아니라 운명이었다고 느낀 적이 있는가?

● 내가 남기고 싶은 발자국은 무엇인가?

● 내가 마지막의 마지막의 마지막까지 믿고 싶은 것은 무엇인가?

● 나를 믿고 나아간다는 것은 어떤 의미인가? 그것은 나에게 왜 중요한가?

● 나의 인생 도화지에 어떤 그림을 그리고 싶은가? 누구와 함께 그리고 싶은가?

> **내가 만든 질문**

# 어떻게 살 것인가

# 안나 카레니나

감독: 조 라이트
출연: 키이라 나이틀리(안나 카레니나), 주드 로(알렉시 카레닌),
　　　애런 존슨(브론스키)
개봉: 2013.03.21.
등급: 15세 관람가

**영화 줄거리**

영화 〈안나 카레니나〉는 19세기 러시아의 대문호인 레프 톨스토이의 동명 소설을 원작으로 한다. 1874년 제정 러시아에서 살고 있는 주인공 안나 카레니나. 그녀는 매력적인 외모와 교양을 갖춘 상트페테르부르크 귀부인이다. 안나는 러시아 최고의 정치가이자 성자로 불리며 존경받는 남편 알렉시 카레닌과 여덟살 아들 세료자와 함께 호화로운 저택에서 남 부러울 것 없이 살고 있지만, 안나는 내심 일만 하는 남편이 못마땅하다. 그러던 어느 날, 안나는 사돈처녀인 키티의 데뷔 파티에서 매력적이고 잘생긴 청년 장교 브론스키를 만난다. 서로에게 첫눈에 반한 둘은 불같은 사랑에 빠져 불안한 관계를 이어나간다. 결국 둘의 관계는 사교계에 퍼지게 되고, 안나는 남편과 아들을 버리고 브론스키와 도망친다. 브론스키를 사랑했던 키티는 절망에 빠져 사랑을 믿지 못하게 되고, 자신을 순수한 마음으로 사랑했던 점잖은 귀족 레빈을 생각하며 후회한다.

**이 영화를 선택한 이유**

이 작품의 소재는 단지 제정 러시아 귀부인의 사랑과 불륜에 그치지 않는다. 다양한 인간 군상과 함께 위선, 질투, 신념, 사랑, 욕망 등 인간의 여러 감정, 그리고 계급, 종교, 가치관, 결혼제도 등 사회 문제까지도 다루고 있다. 원작 소설에는 귀족 계급의 남성인 톨스토이가 어떻게 여성들의 세밀한 감정들을 알았을지 궁금할 정도로 등장인물들의 감정이 자세히 묘사되어 있다. 영화에는 원작을 최대한 잘 살리고자 노력한 흔적이 곳곳에 묻어난다. 안나와 브론스키, 키티와 레빈 등의 등장인물을 통해 사랑과 인생이란 무엇인지, 어떻게 감정에 책임져야 하며 우리는 어떻게 살아야 하는지 등을 생각해볼 수 있을 것이다.

## 유혹을 피하려면

　모스크바의 한 무도회장. 오빠 내외의 부부 싸움을 중재하러 온 안나
카레니나는 사돈처녀 키티의 데뷔 파티에 참석했다. 안나는 그곳에서 백
작가의 청년 장교 브론스키와 처음 만난다. 안나는 이미 결혼해 여덟 살
난 아들까지 있는 몸이었지만 브론스키와 서로 강렬한 끌림을 느낀다. 안
나와 브론스키는 핀란드 춤곡인 마주르카를 추면서 무아지경에 빠진다.
시간이 멈춘 듯 서로만 보이고 걷잡을 수 없이 서로를 탐한다. 훗날 브론
스키의 집에서 처음 육체적 관계를 맺게 되는 순간보다 더 격렬하다. 서로
에 대한 감정이 자신들도 모르게 흘러나오는 바람에 키티를 포함한 무도
회장에 있던 사람들도 그들의 감정을 알게 된다.

황급히 춤을 멈추고 달려 나가 거울 앞에 선 안나의 뒤로 기차가 달려오고 있다. 안나의 환영이다. 앞이 아닌 뒤에서 달려오는 기차는 마치 뒤에서 날아오는 화살처럼 피할 수 없는 숙명을 의미하는 듯하다. 안나는 브론스키와 부적절한 관계를 시작하면서 늘 달려오는 기차에 쫓기는 기분을 느낀다. 행복해서 죽을 것 같다고 말하면서도 한편으로는 불안하다. 영화 곳곳에 깔린 복선이 둘의 끝이 어떨지를 보여준다. 안나가 모스크바에 올 때 타고 온 기차를 점검하던 노동자가 기차 바퀴에 끼여 죽는다. 반으로 나누어진 몸 아래로 피가 홍건하다. 눈도 감지 못하고 죽은 그와 눈이 마주친 안나의 표정은 안나의 끝을 암시한다. 때때로 안나에게 불안이 엄습해올 때면 죽은 노동자가 기차 바퀴를 두드리던 소리가 환청으로 들린다.

질주하는 기차 같은 감정은 이미 배우자가 있다고 해서 피해 가리란 보장이 없다. 하지만 감정을 자각한 이후의 행동 양상은 사람마다 제각각이다. 사랑을 나누는 방식에는 육체적 사랑만 있지 않으며, 악은 사람의 가장 약한 틈을 너무도 정교하게 공격한다. 누군가는 그 유혹에 넘어가고 누군가는 피하며, 누군가는 유혹에 잠시 넘어갔다가 제자리로 돌아온다. 제자리로 돌아왔을 때 이전과 모든 게 같지는 않겠지만.

피하기 힘든 유혹이 다가올 때 우리는 어떻게 해야 할까? 성경에서는 유혹하며 다가오는 보디발 장군의 아내에게 요셉이 그랬듯이 그 자리를 피하라고 한다. 인간의 의지는 생각만큼 강하지 않다. 누구도 유혹을 이겨낼 수 있다고 장담할 수 없다. 우리가 할 수 있는 것은 유혹과 싸워 이기려 드는 것이 아니다. 유혹의 순간을 만들지 않거나 자리를 피하는 것, 둘뿐이다. 남의 것을 보면서 탐내지 않으려고 노력하는 게 아니라, 보이지 않는 곳으로 이동하거나 방향을 틀어서 환경 자체를 바꿔야 한다.

안나 오빠인 오블론스키의 집에서 식사하는 장면에서 한 귀족 여인이 키티의 구혼자인 레빈에게 다음과 같이 묻는다.

"

귀족 여인

사랑 때문에 죽을 수 있어요, 레빈?

레빈

네, 하지만 이웃의 아내한테는 목숨 안 겁니다.
전 불륜은 사랑이라고 생각하지 않아요.
남의 아내를 존경하는 건 아름다운 일이지만
욕정만을 위한 욕정은 탐욕일 뿐이죠.
일종의 식탐이에요.
신이 인간에게 자유를 주신 건
인간다운 인간이 되라는 뜻입니다.

"

레빈의 말은 레프 톨스토이의 메시지이기도 하다. 불륜도 사랑이라고 말할 수 있겠으나, 그 사랑은 거짓과 불신의 모래 위에 쌓은 불안정한 성이다. 인간이 인간다우려면 자유를 어떻게 사용해야 하고 어떻게 살아야 하는지, 영화는 레빈의 입을 통해 우리에게 끊임없이 묻는다.

## 외로움을 채우려면

정확하고 온기가 없는 시계, 이는 안나가 남편 카레닌을 보는 시선이다. 그녀는 카레닌에 대해 이렇게 말한다. "그 사람은 내 남편이 아니라 시계예요." 브론스키를 만나기 전까지 안나는 이 안정적이고 풍요로운 삶에 만족하고 있었을지도 모른다. 거의 스무 살 차이가 나는 카레닌은 다정하지는 않지만 가정에 충실했다. 그러나 러시아 최고의 정치가인 카레닌은 무뚝뚝했고 늘 일이 우선이었다. 어린 아들 세료자가 아침마다 아빠를 찾아오지만, 그는 바빠서 공부를 봐줄 수 없다며 매번 청을 물렸다. 고위 관료인 카레닌은 일이 늘 많았고, 안나는 일상에 지루함을 느꼈다. 하지만 결핍의 이유를 배우자에게 돌릴 수만은 없다. 처한 상황이 같다고 누구나 동일한 선택을 하는 것도 아니다. 다만 그 결핍을 채울 수 있는 무엇인가를 찾지 못한 안나가 안타깝다.

풍요로운 집에서 늘 외로운 사람이 안나 말고도 또 있다. 혼자서 엄마인 안나를 기다리는 아이, 세료자. 집 안에는 언제나 사람이 붐비고 유모와 함께 있지만 세료자는 혼자인 것만 같다. 넓은 공간에 침대만 덩그러니 놓인 세료자의 방은 아이의 방이라기에 너무 어둡고 황량하다. 세료자의 침대를 감싸는 액자 같은 프레임이 세료자가 이 넓은 저택에서 마음 둘 곳은 여기뿐임을 보여준다. 어둡고 텅 비어 있는 세료자의 방은 아빠에게 인정받고 싶고 엄마의 사랑을 그리워하는 여덟 살 아이 세료자의 마음이기도 하다.

영화가 끝날 무렵, 무성한 꽃 사이에 카레닌이 앉아 책을 보고 있다. 세료자는 곁에서 아냐를 안고 있다. 카레닌이 안나와 브론스키 사이에서 태어난 아이 아냐를 거두어 세료자와 함께 있게 하는 모습에서 조금은 해피엔딩 같은 기분이 든다. 관료에서 물러난 카레닌은 더 이상 시계처럼 일만 하며 살지 않을 것이다. 아냐를 안은 세료자가 웃는다. 세료자는 엄마를 잃었지만 새로운 가족과 아버지의 관심 덕분에 더 이상 외롭지 않은 듯하다.

공허하고 텅 빈 마음을 무엇으로 채울 수 있을까? 외로운 사람이 타인의 애정을 갈구하는 것은 목마른 사람이 사막에서 신기루를 보고 달려가는 행위와 같다. 오아시스인 줄 알고 달려간 곳은 여전히 사막이다. 사막에서 오아시스를 찾으려면 제대로 된 지도와 나침반이 필요하다. 진짜 나의 마음이 향하는 곳, 허상이 아닌 진실의 거울에 비출 수 있는 마음으로 물어야 한다.

## 선택에는 책임이 따른다

안나와 브론스키, 둘의 관계는 점점 더 적극적이고 과감해진다. 사교계의 귀부인들은 부채로 입을 가리고 조소와 경멸의 눈빛을 드러낸다. 사교계에서 귀부인과 젊은 장교 사이의 스캔들은 이미 만연하지만 쿨한 관계여야 트렌드에 맞다. 비공식적으로는 무엇을 해도 괜찮지만 그 관계에 목맬 정도로 진심이면 안 된다. 그것은 사교계의 룰을 어기는 것이라고 한다. 불륜 자체가 아니라 그것에 진심인 것을 비난하는 사회다. 그들 비난의 화살은 주로 브론스키가 아닌 안나를 향한다. 배우자가 있는 안나에게 더 큰 책임과 잘못이 있는 것은 분명하고 이는 부정할 수 없는 사실이다. 하지만 브론스키가 기혼자이고 안나가 처녀였다면 어땠을까? 가정 있는 남자를 홀린 여자로 안나의 수식어가 바뀔 뿐, 상황은 별반 다르지 않았을 것이다.

안나와 브론스키를 감싸고 두둔하려는 건 아니지만, 귀족들의 이중적인 사생활과 위선은 또 어떤가. 자신들이 조소하는 대상과 별반 차이가 없어 보이는 사람들이 누군가를 손가락질하고 더럽다며 조리돌리는 꼴이 우습고 비겁하다. 톨스토이는 귀족들을 고상하게 욕하고 싶었나 보다. 안나는 결국 비참하게 죽지만, 원작 소설에선 그녀의 죽음으로 이야기가 끝나지 않는 이유와 같을 것이다(원작에선 안나의 죽음 이후 레빈의 이야기가 꽤 오래 진행된다).

선택에는 책임이 따른다. 지금의 이 선택이 어떤 결과를 가져오게 될지, 그것을 감당할 의지와 능력이 있는지 생각해야 한다. 안나의 사랑에는 믿음이 결여되었다. 믿음은 믿을 만해서 믿는 게 아니라, 그 어떤 상황에서도 믿기로 결심하는 것이다. 안나는 사랑을 선택했으나 책임지지는 않았다. 자신의 죽음으로 상대를 벌주고 신을 대신해 자신을 스스로 심판했으며, 관계를 마무리하지 않고 떠났다. '사랑한다'라는 말은 '순간의 감정'이 아니라 '의지를 포함하는 동사'다. 그러므로 누군가를 사랑하는 선택을 했다면, 그로 인한 모든 상황을 받아들이고 감당하겠다는 의지를 선언한 것과 같다.

## 심판자는 누구인가

안나는 브론스키에게 첫눈에 반했던 감정도, 시간이 지나 변해버린 자기감정의 책임도 브론스키에게 돌린다. 처음에는 사랑을 알게 해준 브론스키에게 고마웠지만, 결국 브론스키가 변했다고 생각해서 좌절하고 원망한다. 결국 안나의 행복은 브론스키라는 외부에 의해 좌지우지된다. 그의 표정과 말, 행동에 따라 이리저리 감정이 요동친다.

브론스키를 향한 안나의 사랑은 불같이 강렬하고 뜨거웠지만 견고하진 않았다. '사랑받고 있다'고 기쁘게 차오르는 만족감은 있었으나 '사랑한다'라는 동사는 없었다. 그를 영원히 사랑하겠다는 다짐도 어려운데, 타인이 나를 사랑하는 마음이 변하지 않고 영원하기를 바라는 것은 얼마나 불완전한 욕망인가. 인생은 마주르카(안나와 브론스키가 무도회에서 처음 같이 춘 춤)가 아니다. 음악이 멈추면 마주르카는 끝나지만 삶은 계속된다. 정신을 잃을 만큼 상대방과 교감하는 마주르카처럼 24시간 365일을 살 수는 없다. 그것은 불가능하다.

브론스키의 집에서 지내며 점점 무너지는 안나의 마음에 색이 있다면, 푸른 와인에 모르핀을 탄 것과 같은 색일 것이다. 브론스키의 집 안을 비출 때의 색감과 비슷하다. 영화 내내 우리는 안타까운 마음으로 안나를 지켜본다. 불쌍하다거나 안쓰럽다기보다는 '안타깝다'는 표현이 맞을 것이다. 장식 없는 검은색 벨벳 드레스만으로도 무도회장 참석자들의 시선을 사로잡는 마력 같은 생기와 활력을 가진 매력적인 안나가 망가지는 과정이 안타깝다. 브론스키와 자신에게 벌주기 위해 스스로가 심판자가 되어 빛을 잃은 눈빛으로 기차에 몸을 던지는 장면에서는 더더욱.

*주님, 용서해주세요.*
*(안나)*

안나가 진정으로 용서를 구하고자 했다면 스스로 죽음으로 도망치는 것이 아니라 살아야 했다. 자신을 소중히 여기지 않은 것에 용서를 구하고 스스로를 돌봐야 했다. 브론스키를 벌하기 위해 자신의 목숨을 버리는 선택이 아니라. 결국 안나는 신에게 용서를 구하지만, 자신의 죽음으로 브론스키에게 괴로움을 주기 위한 가해를 한 것이나 다름없다. 안나의 또 다른 잘못은 스스로가 심판자가 되었다는 것이다. 신은 안나에게 죽음으로 죗값을 치르라고 말하지 않았다.

시대적으로 결혼 제도는 여성에게 불리했다. 재산이나 자녀에 관한 권리에서 특히 그랬다. 여성의 권리는 결혼 전에는 아버지에게, 결혼 후에는 남편에게 귀속되었다. 그러므로 안나를 향한 이 안타까움은 사실 그 시대를 향한 분노이기도 하다. 어리석은 결정을 하고 죽은 한 여인을 향한 안쓰러움이다.

## 영화가 전하는 메시지

조 라이트 감독과 배우 키이라 나이틀리가 영화 〈어톤먼트〉와 〈오만과 편견〉에 이어 〈안나 카레니나〉에서 다시 만났다. 톨스토이가 원작에서 나타내고자 했던 감정 표현, 메시지, 감정의 흐름, 인물과의 관계 등을 최대한 잘 살리려고 노력한 마음이 영화 곳곳에서 드러난다.

무대와 무대장치, 프레임 안에 또 다른 프레임이 있다. 영화를 보는데 마치 소설을 보는 듯하다. 관객은 등장인물의 감정에 동화되고 이입하는 것이 아니라, 말 그대로 무대를 바라보는 관객이 된다. 화면의 전환을 무대장치의 연결로 보여주니 글로 풀어가는 것을 읽어 내려가는 듯하다. 영화는 우리에게 대화를 나누자고 손을 내민다. 감독과 나란히 앉아서 내내 이야기 나누는 것 같기도 하다. 이 부분에서는 어떤 감정이 드는지, 어떻게 생각하는지 물어보는 듯하다.

무대와 무대장치는 마치 귀족들의 풍요로운 삶이 가능하도록 뒤에서 받치고 있는 평민의 삶과 같다. 화려한 무대 뒤편과 무대장치 위쪽에는 무대 도구를 나르는 사람, 밧줄로 세트를 당기고 끌어올리는 이들이 있다. 이 장면에서 저 장면으로 이동할 때 단역들의 역할이 바뀌기도 한다. 혜택보다 짊어질 의무가 더 많은 평민의 삶을 보는 것 같다. 또한 무대 위의 귀족들을 바라보는 구도는 관객의 시선을 전제한다. 타인의 시선을 의식하며 사는 귀족들의 이중성을 보여준다. 관객석에서는 평민의 삶이 잘 보이지 않는다. 무대에 진입해서 뒤쪽과 위를 보려고 노력해야 간신히 보인다.

이는 150년 전의 시대에만 해당되지 않는다. 지금도 마찬가지다. 보려고 노력하지 않으면 보이지 않는 시대의 그림자는 어디에나 있다. 어쩌면 우리의 삶은 보이지 않는 이들 덕분에 풍요로운지도 모른다. 계급이 없는 시대지만 정말 계급이 없다고 확신할 수 있을지 함께 생각해보면 좋겠다.

## 생을 어떻게 감당할 것인가

사랑이란 무엇일까? 잘 산다는 것은 무엇일까? 영혼을 위해 살아가려면 어떻게 살아야 할까?

영화는 레빈과 키티의 가정을 안나와 브론스키의 관계와 대조해서 보여준다. 부유한 귀족인 레빈은 키티를 마음 깊이 사랑한다. 브론스키를 사랑했던 키티에게 레빈은 어쩌면 꿩 대신 닭이었는지도 모른다. 상처 입은 자존심을 치료해줄 사람이 필요했는지도 모른다. 레빈과 키티가 10년, 20년 후에 어떤 모습일지는 알 수 없다. 하지만 땀 흘리는 노동의 가치를 알고 영혼을 위해 살고자 애쓰며, 선택에 대한 준열한 결과를 지켜본 그들은 삶의 무게를 기꺼이 감당하며 진실하게 살 것이다.

*사람들을 너무 닦달하지 마세요.*
*올바르게 살면 되는 겁니다.*
*배 속이 아니라 영혼을 위해 살면 돼요.*
*(소작농)*

영화는 배 속이 아니라 영혼을 위해 살라고, 한 소작농의 입을 통해 우리에게 전한다. 영혼을 위해 사는 것이 무엇인지는 스스로에게 물어야 한다. 톨스토이는 아름다운 귀부인이 저지른 불륜의 비참한 말로를 보여주며 불륜에 대해 경고하는 것뿐 아니라, 우리에게 어떻게 살아야 하는지, 또 어떤 선택을 하며 살아야 하는지 생각하라고 말한다. 배 속이 아니라 영혼을 위해 살려면 어떻게 해야겠냐고 묻고, 신이 허락한 이 땅에서의 생을 어떻게 감당할 것인지 질문한다.

영화 〈안나 카레니나〉에서
건져 올린 질문들

- 톨스토이의 유명한 문장, "행복한 가정은 모두 모습이 비슷하고, 불행한
  가정은 모두 제각각의 불행을 안고 있다"에 어떤 의미를 부여하고 싶은가?

- 나에게 '사랑'은 어떤 의미인가?

- 내가 진정으로 원하는 것은 무엇인가?

- 나는 어떤 결핍을 느끼고 있는가?

- 내가 소중하게 생각하는 가치는 무엇인가?

- 나는 어떻게 살고 싶은가?

- '영혼을 배부르게 하는 삶'이란 나에게 어떤 의미인가?

- '결혼'은 나에게 어떤 의미인가?

- '용서'는 나에게 어떤 의미인가?

내가 만든 질문

#가족 #죽음 #메멘토모리

**CHAPTER 13. 코코**

무엇을
기억할 것인가

# 코코

감독: 리 언크리치
출연: 안소니 곤잘레스(미구엘 목소리), 가엘 가르시아 베르날(헥터 목소리),
　　　벤자민 브랫(에르네스토 델라 크루즈 목소리)
개봉: 2018.01.11.
등급: 전체 관람가

**영화 줄거리**

멕시코의 작은 마을 산타 세실리아. 이곳에는 뮤지션을 꿈꾸는 소년 미구엘이 살고 있다. 미구엘의 가장 큰 고민은 가족들이 음악이라면 질색한다는 점이다. 그 이유는 미구엘의 고조할머니이자 가문의 수장인 이멜다 할머니 대로 거슬러 올라간다. 이멜다 할머니의 남편이자 미구엘의 고조할아버지는 뮤지션이 되기 위해 가족을 떠난 뒤 돌아오지 않았고, 그때부터 이멜다 할머니는 음악을 싫어하게 되었다. 그러던 중 죽은 가족을 기리는 '망자의 날'이 시작됐다. 마을에서 열리는 큰 음악 경연에 참가하기 위해 미구엘은 가족 몰래 에르네스토 기념관의 기타에 손을 대고, '죽은 자들의 세상'으로 들어간다. 해 뜨기 전에 원래의 세상에 돌아오지 않으면 영영 그곳에서 살아야 할 처지에 놓인 미구엘. 이승으로 돌아오기 위해서는 가족들의 축복을 받아야 하는데, 죽은 자의 세상에서 만난 미구엘의 조상들은 미구엘에게 축복을 해주는 대신 조건을 건다. 음악을 절대! 다시는 하지 말 것!

**이 영화를 선택한 이유**

〈코코〉는 죽음이라는 주제를 너무 무겁지 않게, 하지만 결코 가볍지 않게 다룬다. 사람은 태어나면 언젠가는 죽으며, 그건 누구도 피해 갈 수 없다. 그렇게 살아가는 동안 세상은 점점 빠른 속도로 변하고 우리는 서로 쉽게 잊고 잊힌다. 그렇게 잊고 있는 것 중에는 잊지 말아야 할 중요한 것들도 있다. 〈코코〉에서는 죽음을 통해 우리가 무엇을 기억해야 하는지, 자신에게 진정으로 소중한 것은 무엇인지를 묻는다. 유한한 삶을 살며 소중한 것을 어떻게 지키고 기억해야 하는지 영화를 보며 생각해보도록 하자.

# #13

## 가족의 규칙과 개인의 꿈 사이

영화 〈코코〉는 '망자의 날' 동안 펼쳐지는 한 소년과 그 가족의 해프닝을 다뤘다. 망자의 날(Día de Muertos, 디아 데 무에르토스)은 유네스코 세계문화유산이자 멕시코의 주요 기념일 중 하나다. 매년 11월 첫 번째 날과 두 번째 날에 치러지는 이날에 멕시코인들은 죽은 친지나 친구를 기억하고 그들의 명복을 빈다.

어린 미구엘의 가족들은 모든 일상을 함께한다. 함께 살고 일한다. 미구엘의 고조할머니인 이멜다 할머니로부터 이어지는 가업도 마찬가지다. 이멜다 할머니는 남편이 음악을 한다고 가족을 떠난 이후로 어린 딸 코코를 키우기 위해 자신에게도 소중했던 음악을 완전히 버리고 생업에 매진

했다. 그렇게 가업을 일궈냈다. 그래서 미구엘의 집에서는 더더욱 가족 우선주의 가치관을 강요하고 가족은 늘 함께여야 한다고 강조한다. 미구엘은 음악을 싫어하는 가족들의 눈을 피해 숨어서 음악을 듣고 연주하며 뮤지션의 꿈을 키운다. 그마저도 들켜서 무섭게 혼이 나고 기타는 할머니 손에 부서진다.

멕시코뿐 아니라 세계 어느 나라에서도 자신의 뿌리를 어떤 방식으로든 기억하려고 한다. 왜 우리는 핏줄을 기리는 것일까? 그것은 우리의 시작, 정체성 때문이다. 그래서 혈통, 가문을 중요하게 생각해왔다. 때로 마음이 건강하지 않을 때 우리는 막막하고 혼자인 것 같고 자신이 아무것도 아닌 존재 같다고 생각하게 된다. 그럴 때 가족에게 의지하고, 우리의 피에 흐르는 역사의 의미를 생각하면서 다시금 힘을 내기도 한다. 이것이 가족, 함께의 힘이다.

하지만 주객이 전도되어 가문과 가족을 위해 개인을 희생하도록 강요하는 악습이 남아 있다. 아랍권, 아르메니아, 알바니아, 이탈리아 남부 등에서 가족과 공동체의 명예를 더럽혔다는 이유로 가족을 명예살인을 하는 경우가 그렇다. 우리나라에도 열녀문을 세우기 위해 과부가 된 며느리 혹은 딸에게 자살을 강요하거나 살인하는 일도 있었다. 영화 〈코코〉의 가족애를 다루며 명예살인까지 언급하는 것은 분명 과한 감이 있지만, 정도의 차이일 뿐 맥락은 비슷하다. 가족을 위해 개인을 희생시키는 것을 당연시하고 강요한다는 점에서 말이다.

미구엘이 죽은 자의 세계로 들어가게 되었을 때, 가족(조상)의 축복을 받아야 원래 세계로 갈 수 있는 상황에서 코코의 조상들은 조건부 축복을 내려준다. 절대 음악을 하지 않을 것. 그러나 미구엘은 산 자의 세계에 돌아가자마자 그 약속을 어겼고, 다시 죽은 자의 세계로 소환된다. 잘못하면 죽은 자의 세계에 후손이 갇힐 수도 있는 상황이었는데도 미구엘의 조상들은 가족의 규칙을 들이댄다. 법을 어기거나 도덕적 문제가 있어서가 아닌, 가족의 규칙을 이유로 미구엘의 꿈을 반대한다.

결국 우여곡절 끝에 미구엘은 가족들의 무조건적인 축복을 받고 원래 세상으로 돌아온다. 영화는 결말을 통해 가족을 위해 개인이 희생하지 않아도 된다는 메시지를 희미하게나마 전한다. 가족은 소중하지만 '따로 또 같이'가 가능해야 하며, 그래야 건강한 관계가 유지된다.

## 메멘토 모리

망자의 날 밤이 되면, 죽은 자들은 마리골드(marigold, 금잔화)를 밟으며 산 자의 세계로 건너온다. 두 세계를 잇는 다리 아래로 마리골드가 폭포처럼 흘러내린다. 마치 모래시계의 남은 시간이 흐르는 것처럼, 우리의 시간도 유한하다고 말하는 듯하다. 산 자와 죽은 자를 연결하는 핏줄 같기도 하다. 마리골드의 꽃말은 '비탄, 실망, 비애, 슬픔'이며, '반드시 오고야 말 행복'이기도 하다. 다른 꽃말에 비해 '반드시 오고야 말 행복'은 혼자만 너무 동떨어져 보인다. 하지만 현재의 삶이 너무 고달프다면? '죽음'을 '반드시 오고야 말 행복'이라고 생각할 수도 있겠다. '망자의 날'에 집으로 오는 길과 집 안 곳곳을 마리골드로 장식하는 이유이기도 하다.

철학자들의 말을 빌리면 우리는 현실이 고달플수록 내세에 대해 긍정적으로 생각하는 경향을 보인다. 언젠가 반드시 올 행복, 미래를 그리며 현재를 견디는 것이다. 죽은 이들의 명복을 빌며 제단을 알록달록 화려하게 꾸미기 시작한 것은 어쩌면 먼 옛날, 힘든 현실을 견디기 위한 멕시코인들의 지혜였는지도 모른다.

화려하고 아름다운 주황빛 마리골드는 살아 있는 우리에게 '메멘토 모리(Memento Mori)', 즉 '네가 죽는다는 것을 기억하라'고 말하는 듯하다. 유한한 우리 인생에 형광펜으로 칠한 중요 표시 같은 느낌이다. 인간은 죽음에서 도망칠 수 없다. 죽음은 분명 두렵다. 그래서 우리는 때때로 일상에서 죽음에 대한 불안을 애써 무시하고 살아간다. 그러나 자신의 죽음과 진지하게 마주했을 때, 사람은 자신의 사명을 확신하고 그것을 향해 나아가기 위해 결의한다.

독일의 실존철학자 마르틴 하이데거에게 실존이란, 자신에게 남은 '시간의 유한성'을 자각하고 '죽음에 이르는 존재'를 뜻한다. 그래서 죽을 때까지 한정된 시간을 항상 의식하며 자신의 길을 갈 수 있다. 결국 인간의 실존은 죽음에 대한 불안을 전제로 한다. 드라마 〈이번 생은 처음이라〉

에 나오는 대사처럼, 신피질이 없는 고양이는 자신이 언제 죽을지 생각하지를 않아서 '시간을 낭비한다'와 같은 생각 자체가 없다. 그래서 매일 똑같은 하루를 살아도 우울해하거나 지루해하지 않는다. 고양이에게 시간은 늘 현재이기 때문이다. 하지만 인간은 자신의 존재를 증명하고 싶어한다. 지금, 이곳에서 죽지 않고 살아 있는 이유에 대해 늘 고민한다. 한살 한 살 나이를 먹어가면서도 이뤄놓은 게 많지 않은 것 같아 초조해한다. 그러나 늘 죽음을 떠올리며 공포에 떠는 것도, 고양이처럼 오늘만 생각하며 사는 것도 정답은 아니다. 그렇다면 우리는 어떻게 해야 다가오는 필연적인 죽음에 파묻히지 않으면서 지금, 여기를 알아차리며 살 수 있을까?

## 두 번째 죽음의 의미

조상들의 조건부 축복을 받고 싶지 않았던 미구엘은 자신에게 조건 없는 축복을 내려줄 수 있는 또 다른 조상을 찾는다. 바로 전설적인 뮤지션인 에르네스토였다. 그가 자기 고조할아버지라고 생각한 코코는 죽은 자들의 세계에서 에르네스토를 찾아 헤매던 중, 우연히 헥터라는 남자를 만나게 되고 함께 헥터가 사는 동네에 들른다. 그곳은 가족이 없는 죽은 자들이 모여 사는 동네였다. 헥터가 안내한 작은 집에는 헥터의 친구가 힘 없이 누워 있다. 그는 마지막 인사를 남겼고 곧 몸이 투명하게 변하더니 영영 사라졌다. 이미 죽은 자였지만 이제 죽은 자들의 세계에서조차 완전히 사라졌다. 헥터는 친구의 죽음에 대해 이렇게 말한다.

*"그는 이제 사람들에게서 완전히 잊힌 거야.*
*산 자의 땅에서 기억해주는 사람이 없어지면*
*이 죽은 자들의 세계에서도 사라지지.*
*우리는 이걸 마지막 죽음이라고 불러."*
*(헥터)*

〈코코〉의 세계관에서는 살아 있는 사람 중에서 아무도 기억해주는 이가 없으면 죽은 자들의 세상에서도 그 존재가 사라지게 된다. '두 번째 죽음'인 셈이다. 만약 어떤 죽은 자를 기억하는 살아 있는 사람들이 많다면, 그는 죽은 자의 세상에서 부유하게 존재할 수 있다. 심지어 그 기억의 양에 따라 뼈의 마모 정도도 달라지는 모습을 보인다. 기억하는 존재가 거의 없는 헥터의 뼈대는 느슨하고 칙칙하며 걸을 때 절뚝거린다. 반면 죽은 후에도 오래도록 사랑받는 전설의 뮤지션 에르네스토의 뼈는 거의 새것처럼 반짝인다. 살았을 때의 부와 명성을 죽은 자들의 세계에서도 이어가는 것이다.

두 번째 죽음의 개념은 우리에게 죽음의 의미를 다시 묻는다. 산 자의 세계에서 죽음은 아주 멀리 있는 개념이다. 우리는 살아 있기 때문이다. 하지만 죽은 자의 세계에서 죽음은 가까이에 있다. 이미 한 번 죽은 이들의 세계이기 때문이다. 산 자의 세계에서 기억해주는 이가 한 명도 남지 않게 되면 죽은 자의 세계에서도 그 존재는 완전히 사라진다. 그 공포는 죽어 있는 내내 지속된다. 어쩌면 〈코코〉는 우리에게 죽은 후에도 오래도록 기억될 만큼 소중한 이들과 시간을 보내고 있는지를 묻고 있는 건 아닐까? 망자의 날, 제단 위에 사진이 놓여 있지 않은 이들은 산 자의 세계로 향하는 다리를 건너갈 수 없다. 이 또한 살아 있는 동안에 내 곁에 있는 이들에 대한 고마움과 소중함을 잊지 말고 표현하라고 말하는 듯하다. 〈코코〉의 세계관에서 산 자는 죽은 자에게 영향을 줄 수 있지만 죽은 자는 힘이 없다.

## 영화가 전하는 메시지

헥터는 가족을 떠나기 전, 어린 딸 코코에게 들려주는 노래 〈기억해 줘(Remember Me)〉를 통해 딸이 자신을 잊지 않길 바라는 마음을 전했다. 이는 이승에서만의 바람이 아니다. 딸이 죽음 너머까지 자신을 기억해주길 바라는 절절한 마음이다. 헥터와 코코는 단지 아버지와 딸이 아닌, 이전 세대와 현세대를 의미한다.

리 언크리치 감독은 인터뷰에서 "〈코코〉는 미래를 바라보면서 과거를 축하하는 이야기다. 지금의 우리와 이전 세대를 이어주는 유대를 탐구해보고 싶었다"는 작업 계기를 밝히며, 〈코코〉를 탄생시킨 계기가 바로 '가족'이었다고 말했다. 자신의 꿈을 찾아 떠나는 모험 중에 미구엘은 가족의 소중함과 끈끈함을 발견한다. 단절된 관계도 연결해서 흐르게 하는 가족의 힘. 산 자의 몸으로 죽은 자의 세상을 알게 된 미구엘은 이후의 삶을 어떻게 살아갈까? 가족이 꿈보다 더 중요하다고 단정 지어 말할 수는 없다. 하지만 적어도 미구엘은 불특정 다수의 사람들에게 사랑받으려고 노력하기보다는 끈끈한 가족의 사랑이 더 중요하다는 사실을 잊지 않고 간직하며 살아갈 것이 분명하다.

영화 〈코코〉의 영상에는 전반적으로 보랏빛이 깔려 있다. 보랏빛은 '죽음'을 뜻하기도 한다. 〈코코〉는 영화 전반에 깔린 죽음을 통해 삶을 이야기한다. 삶은 유한하기에 아름다운 건지도 모른다고 말이다. 진짜 중요한 것이 무엇인지 인식하고 곁에 있는 이의 소중함을 깨달을 수 있는 이유는 우리 삶이 유한하기 때문이다.

영화가 시작될 무렵, 빨랫줄에 달린 종이 그림으로 미구엘의 가족사가 빠르게 연출된다. 매달려 있는 알록달록하고 작은 인형은 영혼의 안내자 '알레브리헤'를 닮았다. 영화 말미에 거대한 알레브리헤가 등장한다. 이멜다 할머니의 알레브리헤인 페피타이다. 죽은 자의 세계에서 페피타는 최상위 포식자 같은 느낌의 무서운 알레브리헤지만, 산 자의 세상으로 오면 멕시코인들이 사랑하는 숄로종 강아지 단테와 뒹굴며 노는 작은 고양이일 뿐이다. 그런 페피타의 모습은 죽음이 압도적으로 두려워 보이지만 사실 삶과 죽음은 원래 '하나 혹은 함께'라고 말하는 듯하다. 생과 사는 연결되어 있다.

# 유한한 시간

우리는 무의식중에 당연히 내일이 있다고 생각하며 살아간다. 그래서 때때로 정말 중요한 것을 다음으로 미루곤 한다. 살면서 죽음을 한 번이라도 만나본 사람은 시간이 유한하다는 사실을 잊지 않는다. 중요한 선택의 순간에 놓여 있을 때, 지금 이 순간이 마지막이라면 이전과 같은 결정을 할 수 있을까? 뮤지션이 되기 위해 가족의 곁을 떠났던 헥터가 자신의 죽음을 미리 알았다면, 그는 결코 그렇게 가족을 떠나지 않았을 것이다. 우리는 종종 성공해서 사랑하는 사람들을 행복하게 해주고 싶다고 생각하지만, 원하는 만큼의 시간을 허락받지 못할 수도 있다.

매 순간 죽음의 공포를 느끼며 살 수는 없다. 하지만 유한한 시간을 살고 있다는 자각, 죽음은 언제나 가까이에 있다는 의식이 필요하다. 그건 현재를 더 의미 있고 소중한 것들로 채워나가기 위해서다. 지금 이 순간이 마지막이라고 가정해도 이 선택을 할 것인지를 자문한다면, 자존심 혹은 욕심으로 덮여 있던 눈앞이 환해질 것이다. 시간의 유한성과 죽음은 우리에게 무엇이 진짜 중요한지 명확하게 보여주는 거울이다.

산 자의 세상에서 우리는 무엇을 기억해야 할까?

영화 〈코코〉에서
건져 올린 질문들

- 나에게 '기억한다는 것'은 어떤 의미인가?

- 나는 누구에게 어떻게 기억되고 싶은가?

- 내가 끝까지 기억하고 싶은 것이 있다면 무엇인가?

- 나에게 '가족'은 어떤 의미인가?

- 나에게 '성공'은 무엇인가?

- 나에게 '죽음'은 어떤 의미인가?

- 죽음이 다가온다는 것을 기억하는 건 나에게 어떤 의미인가?

- 나에게 정말 중요한 것은 무엇인가?

- 이 세상에 없지만 여전히 나의 기억 속에 살아 있는 사람이 있다면 누구인가?
  그 사람을 기억하는 것은 나에게 어떤 의미인가?

내가 만든 질문

#나의존재의미 #내마음이향하는곳 #문제가아닌문제너머

**CHAPTER 14. 패치 아담스**

가장 좋은 선택

# 패치 아담스

감독: 톰 새디악
출연: 로빈 윌리엄스(패치 아담스), 모니카 포터(코린 피셔),
　　　대니얼 런던(트루먼 쉬프)
개봉: 1999.04.03.
등급: 12세 관람가

**영화 줄거리**

헌터 아담스는 한국전쟁에 참전한 후 트라우마를 겪는 아버지 밑에서 불행한 청소년기를 보냈다. 헌터는 자살을 결심하지만 미수에 그치고 스스로 정신병원을 찾는다. 삶의 목적도 방향도 잃었던 헌터는 정신병원에서 동료 환자들과 지내며 연결됨을 경험한다. 그곳에서 '고치다'는 의미의 '패치'라는 이름을 얻은 그는 2년 후 의대에 진학한다. 패치는 의대 3학년이 되어야 환자를 직접 만날 수 있다는 규칙을 무시하고 병원에 입원 중인 환자들을 몰래 만난다. 그리고 수많은 아이디어와 타고난 장난기로 환자들을 웃게 한다. 또한 병원의 여러 절차와 규정으로 인해 치료받지 못하는 이들을 위해 산속에 무료 진료소를 세운다. 그러던 중 패치가 사랑하던 동급생인 카린이 정신 질환을 앓던 환자에게 살해당하는 사고가 일어난다. 게다가 의사면허증 없이 진료한 것이 발각되어 퇴학 처분까지 내려진다. 패치는 주립의학위원회에 제소하고, 위원회는 패치의 열정과 높은 학업 성적을 인정해 학교에 남을 수 있도록 한다.

**이 영화를 선택한 이유**

우리는 더 빨리, 더 높이를 외치는 시대에 살고 있다. 때로는 내 마음이 어느 곳을 향하는지 모르고 인생을 보내다가, 어느 날 문득 정신을 차리고 돌아보니 엉뚱한 곳에 와 있는 경우도 있다. 영화 〈패치 아담스〉는 우리에게 좋아하는 일을 하며 세상에 선한 영향을 미치는 방법에 대한 힌트를 준다. 문제에 집중하는 게 아니라 그 너머를 바라보는 법을 알려준다. 우리의 마음이 향하는 곳으로 함께 가는 사람들이 있다는 것을 알게 해준다. 그리고 사람이 사람을 대하는 자세에 대해, 직업 너머 업의 본질에 대해 깨닫게 한다. 실존 인물인 패치 아담스의 이야기를 통해 자신이 의미 있다고 생각하는 인생이란 무엇인지 고민하는 시간을 가져보자.

## 문제를 인식하는 것이 먼저다

이 영화의 주인공 '패치 아담스'의 원래 이름은 '헌터 아담스'다. 영화
첫 장면의 독백 이후 등장하는 헌터의 눈동자에는 생기가 없고, 블러 처
리한 듯 흐리기만 하다. 아무 의욕도 의지도 없는 사람의 표정이다. 헌터
는 길을 잃었다. 다행인 건 자신이 길을 잃었다는 사실을 그가 알고 있다
는 점이다. 길을 잃은 사실을 모른 채 가던 방향으로 열심히 계속 전진하
는 것이야말로 큰 문제일 수 있다. 반면, 길을 잃었음을 인식하면 바른 길
을 찾으려고 노력하게 된다. 그러면 시간이 아무리 걸려도 가고자 하는 곳
으로 나아갈 수 있다. 헌터는 자신이 지금 건강하지 않은 상태라는 것을
알았다. 그가 욕실 선반을 열자 약병이 가득하다. 아마 그 안에는 자신을
해치는 약도 있었을 것이다.

집으로 향하는 여정이 얼마나 먼지 알 수 없다.
집의 사전적 정의는 '시작하는 곳'이자 '목적지'이다.
폭풍은 모두 내 마음속에 있었다.
시인 단테가 말했듯이,
"내 인생의 행로 가운데 내가 어두운 숲속에 있음을 발견했다.
바른길을 잃어버렸기 때문에."
언젠가 나는 바른길을 찾을 것이다.
전혀 생각지 못했던 곳에서.

(헌터 아담스)

영화 시작과 동시에 펼쳐지는 흐린 색감의 하늘, 느릿한 음악, 표정 없는 헌터의 얼굴은 그가 매우 부정적인 상황에 놓였다고 판단할 수 있는 근거가 된다. 하지만 이 장면이 마냥 암울하지만은 않다. 삶의 방향을 잃고 방황하면서 폭풍 속에 있다는 것을 헌터가 인식했기 때문이다. 단지 폭풍 속에 있는 것과 그 사실을 자각하는 것은 비슷해 보이지만 아주 큰 차이가 있다. 가장 무서운 병은 몸 안에서는 매우 심각하게 진행되고 있는데 자각하지 못하는 경우다. 위가 고장 나서 딱딱하게 굳었는데 본인은 소화도 잘되고 건강하다고 느끼고 있다면 이보다 심각한 상황은 없다.

문제를 해결하려면 문제가 있음을 인식하는 것이 먼저다. 그런 다음 지금 내가 어떤 상태이고 무엇이 문제인지, 어떤 상황에 놓여 있는지를 발견해야 한다. 헌터는 당장 자신의 힘으로 해결할 수는 없지만 문제가 있음을 깨닫고 해결책을 찾는다. 자살을 선택했다가 미수로 그친 후, 스스로는 거센 눈 폭풍을 피할 수 없어서 잠시 몸을 숨기며 비가 그칠 때까지 있을 가장 적당한 곳을 찾았다. 바로 정신병원이다. 헌터는 스스로 병원에 찾아가 입원 수속을 밟는다. 그는 세상과 분리된 자신을 보는 게 괴롭다. 땅에 발붙이지 못하고 둥둥 떠다니며 부유하는 것 같은 기분이다. 그런데 정신병원에서 헌터는 동료 환자들과 연결되는 경험을 한다.

## 중요한 것은 사람이다

헌터는 정신병원에서 '고치다'는 의미의 '패치'라는 이름을 얻는다. 그는 정신병원을 나와 의대에 입학해 의사가 되기로 결심한다. 이윽고 패치가 의대에 입학했을 때, 첫 훈화 시간에 학장이 이렇게 말한다. "우리 의대 교수진은 너희의 인간성을 혹독하고 무자비하게 제거하는 훈련을 통해 더 나은 존재, 즉 의사로 만들 것이다." 모든 의대 입학생들이 박수를 친다. 패치를 제외한 모두가 감동한 표정이다. 이 장면을 통해 학장과 그곳에 있는 의대생들이 의사란 직업에 대해 어떻게 생각하는지 알 수 있다. 이 부분은 영화 마지막의 위원회 제소 장면과 연결된다. 패치는 위원회를 향해 항변하던 중 뒤돌아서 참석한 의대생들을 향해 말한다. 의사는 권위를 위한 직업이 아니며, 그런 권위 의식에 빠지지 말고 환자의 마음까지 위로하는 '사람의 마음'을 가진 진정한 의사가 되라고. 의사는 환자의 죽음을 지연시키는 사람이 아니라 환자 삶의 질을 향상시키는 사람이라고. 질병과 싸우는 게 아니라 무관심과 싸우라고 말이다.

패치는 의대에서 새로 사귄 친구 트루먼과 의사가 되려는 이유에 대해 이야기를 나눈다. 패치는 사람들을 돕고 그들과 연결되고 싶다고 말한다. 트루먼은 인간의 마음이 어떻게 발달하는가에 관심이 많다고 한다. 아직 의대 신입생인 패치와 트루먼은 환자와 접촉하기 위해 3학년이 되어야 환자를 만날 수 있다는 학칙을 깨고 몰래 흰 가운을 입은 채 회진 일행에 합류한다. 젊은 여성 환자를 회진할 차례였다. 의사가 누워 있는 환자에 대해 의대생들에게 설명한다. 어렸을 때 당뇨병에 걸린 환자인데 혈액순환이 잘 안 되고 당뇨성 신경장애가 있으며, 임파선 부종과 발 부분 괴사가 일어나는 당뇨성 궤양이 보인다는 설명이었다. 의대생들은 의사에게 치료법을 질문하고, 의사는 건조하게 질문에 답한다. 혈당량을 유지시켜야 하며 필요에 따라 절단해야 할지도 모른다고. 그때 맨 뒷줄에 있던 패치가 묻는다.

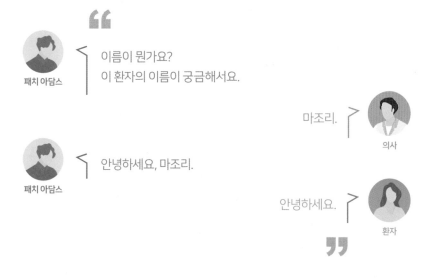

패치 아담스
" 이름이 뭔가요?
이 환자의 이름이 궁금해서요.

마조리.
의사

패치 아담스
안녕하세요, 마조리.

안녕하세요.
환자
"

누워 있는 환자는 의사와 의대생들이 나누는 대화 속 '절단'이라는 단어에 소스라치게 놀라 시트를 움켜쥔다. 패치가 이름을 묻기 전까지 이들에게 마조리는 그들과 같은 한 인간이 아니라, 그저 차트에 적힌 당뇨병 환자였다. 의대생들에게는 환자를 이해하려는 마음 대신 병명과 증상, 치료법을 배우려는 지적 욕구가 있을 뿐이었다. 의대생들이 의학 지식을 익히는 목적은 환자를 치료하기 위해서인데, 바로 눈앞에 있는 환자 마조리는 그들로 인해 불안에 떨고 있다. 패치가 마조리에게 이름을 물어보고 인사를 건네자 그제야 그녀의 얼굴이 조금 풀어진다. 다음 환자를 향해 이동하기 전, 패치는 마조리에게 한 번 더 인사하고 따뜻하게 손을 잡는다. 그녀의 얼굴에 살짝 미소가 깃든다.

회진하는 의사들의 동선 편의에 맞게 배치된 병상은 환자에게는 마치 공개된 장소에 놓여 있는 듯한 기분이 들게 한다. 누워 있는 자신을 위에서 내려다보는 많은 시선들이 편안할 리 없다. 그 불편하고 불안한 마음을 누구도 신경 쓰지 않는다. 반면 패치는 병원을 돌아다니며 환자들과 만나 소통하고 장난치고 대화를 나눈다. 불안한 마음을 만지고 이야기를 듣는다. 패치에게 환자는 자신과 같은 동등한 존재고 사람이며 자기 자신이다. 그들에게서 자신을 본다. 패치가 자신을 보듯 환자를 본다는 말은, 이제는 패치가 과거와 달리 스스로를 귀하게 보고 존중한다는 말과 같다. 패치에게 환자들은 자신처럼 소중한 존재다. 스스로를 귀하게 생각하지 않았다면 환자를 향한 마음도 그와 같을 수 없기에 자신을 온전히 바라보는 것이 먼저다.

우리는 살면서 무엇이 중요한지 스스로에게 물어야 한다. 지금 하고 있는 일 혹은 배우는 것이 무엇을 위한 것인지, 정작 지금 놓치고 있는 중요한 부분은 없는지 늘 확인해야 한다. 우리는 모두 연결되어 있다. 지금 하는 일이 직접 누군가를 만나는 일이 아니더라도 결국 모든 건 사람을 위한 일이다. 때로는 내가 하는 일이 내 가족과 친구에게 영향을 미친다. 그리고 모든 결과는 다시 나에게로 돌아온다. 아주 중요해 보이는 어떤 무엇이라도 사람보다 더 중요할 수는 없다.

## 무엇을 직면해야 하나

305호 병실에 들어가는 간호사는 곤욕을 치른다. 병실의 주인인 빌이 소변용기를 집어 던지거나 물건을 던지는 바람에 혼비백산해서 병실 바깥으로 서둘러 나오곤 한다. 빌은 췌장암 말기 환자다. 극심한 통증을 잊기 위해 모르핀을 맞고 있지만, 진통의 효과가 크지 않아 늘 신경이 곤두서 있다. 그 병실에 패치가 들어가서 노래를 부르다가 멱살이 잡혀 도망쳐 나오기도 했다. 그런데 며칠 후, 패치가 다시 그의 병실을 찾았다. 온통 흰옷을 입고 천사 날개를 단 채로.

패치 아담스

"
후일 상영의 예고편, 사망, 죽음, 만기,
지나감, 소멸, 죽다, 묻히다, (중략)
마지막 숨, 자연에 빚을 갚음, 깊은 잠,
'속도를 줄이라'는 하나님의 뜻.

이 세상에서 체크아웃하다.

빌

인생의 무거운 짐을 넘기다.

패치 아담스

천국으로 떠남.

빌

"

췌장암은 예후가 좋지 않은 악명 높은 병이다. 발병 후 5년 이상 생존할 확률이 고작 10퍼센트라고 한다. 그리고 빌은 췌장암 말기 환자다. 모르핀 처방으로 죽기 전까지 고통을 다스리는 것 외에는 의학적 치료를 할 수 없는 상태다. 그렇게 죽음을 코앞에 둔 빌의 앞에 패치가 천사 복장을 하고 나타나 죽음을 뜻하는 단어와 관용구를 읊는다. 처음에는 빌도 어이가 없어서 간호사를 부르고 삿대질을 한다. 그러던 빌이 "이 세상에서 체크아웃하다"라는 말로 패치의 말을 받는다. 빌의 그다음 말은 "천국으로 떠남"이다. 죽음을 직면하는 순간이다. 분노로 생을 보내던 빌이 처음으로 소리 내어 웃는다. 패치가 모르핀을 들고 그의 병상을 끌고 병원 안을 활보한다. 마치 소풍을 가는 듯한 뒷모습이다. 이 장면을 보는 사람들은 두 반응으로 나뉜다. 환자가 죽음을 직면할 수 있도록 돕는 패치가 잘했다는 쪽과 원하지 않는 직면을 하게 만드는 패치가 불편하다는 쪽이다.

패치가 빌을 도울 수 있었던 이유는 자신의 밑바닥을 직면했기 때문이다. 자신의 심연 속 어두운 모습을 마주하고 올라왔기 때문에 그는 스스로 진짜 원하는 삶을 만날 수 있었다. 그는 빌이 정말 원하는 삶을 살 수 있도록 돕고 싶었다. 남은 생이 얼마나 될지 알 수 없지만, 그가 남은 날 동안 화만 내는 것이 아니라 웃고 즐기며 행복한 순간들을 보내기를 바랐다. 빌은 마주하고 싶지 않았던 거대한 어둠인 죽음을 마주하고 생의 기쁨을 되찾았다. 그는 죽기 직전 패치에게 노래를 불러 달라고 청한다. 처음 패치가 빌의 병실에 와서 멱살을 잡혔을 때 부르던 그 노래를.

우리에게도 꼭 직면해야 하지만 외면하는 것들이 있다. 직면은 쉽지 않다. 우리가 마주해야 할 진실이 핑크빛이 아닌 경우 두려울 수도 있고, 불쾌할 수도 있다. 그럼에도 불구하고 우리는 직면을 통해 심연에서 수면으로 올라올 수 있다. 외면을 통해 얻었던 가짜 위안들은 우리를 잠시 속이지만 영원할 수는 없다. 영혼이 진심으로 바라는 방향으로 가기 위해서 우리는 직면이라는 문을 통과해야 한다.

# 영화가 전하는 메시지

의대에 입학하기 전, 자살 미수 후 스스로 정신병원에 입원한 헌터(패치로 바꾸기 전의 이름)는 입원 첫날, 갑자기 소리를 지르는 환자 아서를 만난다. 아서는 자기 손가락을 보이며 몇 개로 보이냐고 묻는다. 헌터가 네 개라고 답하자 그는 못마땅한 듯 '바보'라고 말하며 자리를 이동한다. 며칠 후 헌터는 아서가 미치기만 한 사람은 아니라는 생각에 그를 찾아간다. 아서가 다시 손가락이 몇 개로 보이냐고 묻는다. 헌터의 눈에는 여전히 손가락 네 개가 보인다. 아서는 문제에만 초점을 맞추면 문제를 풀 수가 없다며 손가락 너머를 보라고 말한다.

"

아서

다른 사람들이 보지 않는 걸 보게.
다른 사람들이 두려움과 순응과 게으름 때문에
보고 싶어 하지 않는 것을 보거나.
매일 세상을 새롭게 봐. 자네는 잘하고 있어.
만일 내게서 미치고 괴팍한 노인밖에 보지 못했다면
자네는 나를 찾아오지 않았을 거야.

제게서 무엇이 보이나요?

헌터 아담스

아서

자네는 내 컵을 고쳐줬지.
또 보세, 패치.

"

이때부터 헌터의 이름은 '고치는 사람'이라는 뜻의 패치가 된다. 그가 스스로를 정의하지 못하고 있을 때 아서는 그에게서 '고치는 사람'을 발견했다.

아서를 만난 후 방에 돌아온 패치는 동료 환자인 루디와 연결되기로 마음먹는다. 입원실에 없는 가상의 다람쥐가 무서워 화장실도 못 가고 떨고 있는 루디를 위해, 그는 가상의 총과 바주카포를 들고 침대를 바리케이드 삼아 루디와 함께 가상의 다람쥐 떼를 무찌른다. 병실 밖에서 보면 둘 다 미친 사람으로 보일 것이다. 하지만 패치는 루디의 두려움이 진짜인지 가짜인지 판단하지 않고 그의 마음에 집중했다. 패치의 눈에는 다람쥐가 보이지 않고 설사 보여도 다람쥐는 그에게 두려운 존재가 아니지만, 루디에게는 다람쥐가 보이고 또 다람쥐를 무서운 육식동물로 생각하고 있다는 것을 인정했다. 그리고는 루디의 눈높이로 그의 두려움을 함께 물리친다. 가상의 바주카포로 말끔하게 정리된 공간 덕분에 루디는 화장실에 기쁘게 달려간다.

아서가 말했듯이 패치가 아서에게서 미치고 괴팍한 노인밖에 발견하지 못했다면 아서의 병실을 찾지 않았을 것이다. 하지만 패치는 아서에게서 다른 무엇을 보았고 병원의 누구도 묻지 않았던 것을 물었다. 모두가 아서를 괴팍하고 미친 천재로만 보고 더 들여다보려고 하지 않을 때 패치는 그에게 손을 내밀었다. 패치는 스스로를 정의하지 못해서 어두운 숲을 헤매는 것처럼 느끼고 있었으나 그는 다른 사람들이 보지 않는 것을 보고 있었다.

　문제에 초점을 맞추지 말 것. 문제 너머를 보고 다른 사람이 보지 않는 것을 보며 매일 세상을 새롭게 볼 것. 아서와 패치의 대화는 이 영화의 핵심 장면 중 하나다. 영화는 아서를 통해 우리에게 아주 강력한 메시지를 전하고 있다.

## 매 순간 선택하라

　문제에만 집중하던 자신에게 동료 환자인 아서는 문제 너머를 보라고 조언한다. 병원의 많은 사람들이 아서를 미친 사람으로 볼 때 헌터는 아서를 찾아간다. 이는 헌터의 선택이었다. 헌터는 아서에게서 미친 사람이 아닌 '지혜를 말하는 사람'을 본 유일한 사람이다. 아서도 그런 헌터의 진실한 모습을 본다. 그리고 헌터는 패치가 된다. 고치고 연결하는 사람. 자신이 세상과 연결될 수 있는 단서를 찾은 그는 자신과 같은 사람들, 다시 말해 환자들을 돕고 싶다는 강렬한 열망을 느끼고 의사가 되기로 선택한다.

> *의사는 단지 의술을 행하는 사람이 아닙니다.*
> *환자들 삶의 질을 높여주는 사람이 의사입니다.*
> *(패치 아담스)*

패치는 새 인생을 만들기 시작한다. 그는 외상과 질병뿐 아니라 사람들의 정신적인 고통까지 치료하는 진정한 의미의 의사가 되고 싶었다. 의대 3학년이 되어야만 환자를 만날 수 있지만, 패치는 규칙을 무시하고 환자들을 몰래 만난다. 기발한 아이디어와 넘치는 장난기로 환자들뿐 아니라 간호사들의 마음까지 따뜻하게 만들어 응원을 받는다. 의료적 기술만이 아닌 마음으로 환자를 대한다. 차트 속의 숫자가 아닌 한 명의 인격적 존재인 사람으로 그들을 만난다.

패치가 자신의 선택에 이토록 확신을 가질 수 있는 근거는 무엇일까? 그것은 아마도 가장 밑바닥에 있는 자신을 만나고 수면 위로 올라온 그의 경험 때문일 것이다. 패치는 스스로 할 수 있는 가장 좋은 선택을 한다. 자신을 돕기 위해 누군가를 돕는다. 그는 환자들에게서 자신을 본다. 의사인 자신과 환자인 그들로 이분하지 않고, 누구든 환자이고 의사일 수 있다고 생각한다. 환자도 어떤 부분에서는 누군가에게 의사일 수 있다고 생각한다. 이런 생각을 구체화한 후, 그는 무료 진료소인 게준트하이트 병원을 세우기로 결심한다. 그곳에서는 누구든 도울 수 있는 방법으로 서로를 돕는다. 모두가 넓은 의미로 의사이며, 환자 삶의 질을 향상시키는 사람이다.

우리는 삶의 모든 순간에 선택을 한다. 점심 메뉴를 정할 때, 진로를 정할 때, 직장을 정할 때, 중대한 사안을 결정할 때처럼 수많은 크고 작은 선택 앞에 놓인다. 어떤 선택이 가장 좋은 선택일까? 좋은 선택의 기준은 뭘까? 이 영화는 실화를 기반으로 한다. 패치 아담스와 합류하기 위해 수천 명에 달하는 의사들이 현재 대기하고 있다. 오늘 이후 나 그리고 이 글을 읽는 여러분들이 각자의 삶 곳곳에서 어떤 선택을 하게 될지 궁금하다.

?!

영화 〈패치 아담스〉에서
건져 올린 질문들

- 계속 마음이 가는 대상은 누구인가?

- 직면해야 하는데 피하고 있는 것이 있다면 무엇인가?

- 직면하면 무엇이 달라지겠는가?

- 현상 너머를 보는 것은 나에게 어떤 의미인가?

- 관점이 미치는 영향력은 어디까지일까?

- 나는 어떤 가치를 중요하게 생각하는가?

- 나를 움직이는 원동력은 무엇인가?

- 나는 누구에게 어떤 영향을 주고 싶은가?

- 내가 인생에서 꼭 배워야 할 것이 있다면 무엇인가?

내가 만든 질문

# 인생은 아름다워

감독: 로베르토 베니니
출연: 로베르토 베니니(귀도), 니콜레타 브라스키(도라),
　　　조르지오 깐따리니(조수아)
개봉: 1999.03.06. (재개봉: 2016.04.13.)
등급: 전체 관람가

**영화 줄거리**

시골 총각 귀도는 대도시 로마에 도착하자마자 아름다운 여인 도라에게 첫눈에 반한다. 도라에게는 이미 정략결혼 상대인 정혼자가 있다. 하지만 도라는 정혼자와 잘 맞지 않았고 귀도의 진실한 마음 덕분에 도라 역시 귀도를 사랑하게 된다. 도라는 집안의 반대를 무릅쓰고 귀도와 단란한 가정을 꾸린다. 아들 조수아의 다섯 번째 생일날, 집에 군인들이 들이닥치고 유대인인 귀도와 그 핏줄인 조수아, 유대인인 숙부까지 잡아간다. 도라는 유대인이 아니므로 잡혀갈 이유가 없지만 남편과 아들을 따라 제 발로 죽음의 수용소로 향한다. 수용소에 도착한 귀도는 아들 조수아를 위한 거짓말을 시작한다. 이곳은 게임장이며 1,000점을 먼저 모으는 사람은 상품으로 진짜 탱크를 얻게 된다는 것. 언제 죽어도 이상하지 않을 이 수용소에서 귀도와 조수아는 무사할 수 있을까?

**이 영화를 선택한 이유**

많은 이들의 인생 영화 목록에 들어 있는 〈인생은 아름다워〉는 제2차 세계 대전 당시 참혹한 수용소 안에서도 웃음과 의지를 잃지 않았던 한 남자의 이야기다. 나치가 유대인을 학살했던 비극적인 역사 속 한 장면을 다루는 이 영화를 통해 비극적일 수 있었던 한 남자의 인생이 왜 아름다운지, 삶을 긍정한다는 것은 어떤 의미인지, 인간다움은 무엇인지 함께 생각해볼 수 있다. 마치 황무지에서도 사막에서도 꽃은 핀다고, 그러니 인생을 아름답게 가꾸자고 응원하고 위로하는 듯하다.

## 제대로 알고 있나

　영화는 귀도와 그의 친구 페루시오가 이탈리아의 한 시골에서 로마로
오면서 시작한다. 페루시오가 신나게 시를 암송하던 중 갑자기 브레이크
가 말을 듣지 않는다고 소리친다. 당황한 이들은 방향을 꺾어 산길을 통
과해 마을로 내려온다. 마을 길로 접어드는 찰나, 의전용 오토바이 두 대
가 바로 앞으로 지나간다. 마치 두 대의 오토바이가 귀도가 탄 차를 안내
하는 모습 같다. 길에는 사람들이 모여서 누군가를 기다리고 있다. 전하
가 오신다며 인사할 준비를 한다.

*브레이크가 고장 났어요!*
*비켜요! 비켜요!*
(귀도)

귀도는 팔을 펴서 좌우로 흔들며 위험하니 비키라는 표시를 하는데, 사람들은 그의 모습을 따라 하며 환호한다. 팔을 앞으로 들어서 수평보다 약간 위로 치켜드는 이 포즈는 사실 귀도를 따라 한 것이 아니라 히틀러식 인사다. 당시가 제2차 세계 대전이 끝나기 약 5~6년 전이었으니, 사람들이 기다리던 차량에는 아마도 이탈리아의 가장 작은 왕이었던 비토리오 에마누엘레 3세와 엘레나 왕비가 타고 있었을 것이다. 무솔리니를 총리로 임명한 왕이다. 관중들은 귀도의 차가 빠져나간 직후 들어오는 차량에 아무 반응이 없다. 환호의 주인공이어야 할 이들은 시선을 마주하며 황당해한다.

이 장면은 스토리에 영향을 주지 않는다. 그럼에도 영화의 첫 부분으로 삼은 이유는 무엇일까? 첫 번째는 웃음을 위한 장치다. 영문을 모르는 귀도와 뒤에 오는 차량 속 인물들의 황당해하는 표정을 보면 웃음을 참을 수 없다. 두 번째는 무솔리니를 총리로 임명한 왕을 향한 작은 복수가 아닐까 추측한다. 세 번째는 영화가 전달하는 강력한 메시지다. 자신이 어디로 가고 있는지 모르고 무리를 따라 돌진하는 레밍처럼, 자신이 무엇에 환호하는지 모르고 선동에 이끌려 따라가는 군중을 유쾌하게 꼬집는다. 그리고 우리에게는 당신이 따르는 리더 혹은 현상의 본질을 제대로 알고 있냐고 묻는다. 선동과 추종에 대한 비판의 시선을 담은 것이다.

# 고귀한 인간성

수용소에 도착한 사람들은 두 줄로 나뉜다. 노동력이 있다고 판단한 그룹과 그렇지 않은 그룹이다. 귀도의 숙부는 다른 노인들과 함께 샤워실로 향하는 줄에 선다. 샤워실에서 물이 나오지는 않을 것이다. 물 대신 독가스가 나올 것이다. 수용소에서는 시체 처리를 효율적으로 하기 위해 샤워실이라고 속여 옷과 장신구를 스스로 벗게 한다. 쓸데없는 난리를 피하고자 비누까지 쥐어준다. 사람들이 죽으면 그들이 입었던 옷은 재활용된다. 시계나 귀금속 등은 발견한 누군가의 주머니로 들어갈 것이다. 시체는 검은 연기가 나오는 굴뚝이 있는 소각장 건물에서 태워진다. 검은 연기가 나오는 굴뚝이 하늘과 함께 줌인*된다.

*괜찮소?*
*(엘리시오 숙부)*

엘리시오 숙부는 곧 죽는다. 그는 자신이 처한 이 상황을 인지하고 있음에도 불구하고, 앞을 지나가다 휘청하는 군인의 팔을 잡아주며 괜찮은지 묻는다. 이를 통해 영화는 인간이 인간을 향한 시선이 어떠해야 하는지를 전한다. 영화 초반에 귀도가 숙부 집에 도착했을 때, 인종차별주의자들이 숙부를 폭행하고 집 안을 엉망으로 만든 후 도망친다. 도움을 청하지 그랬냐는 귀도의 말에 숙부는 "침묵만큼 큰 저항은 없다"라고 말한다. '눈에는 눈, 이에는 이'가 아닌, '간디의 비폭력 저항'이 떠오르는

---

* 줌인(zoom in): 피사체나 장면 등을 줌 렌즈로 클로즈업해서 잡는 것.

장면이다. 폭력의 대물림이 아닌 내 선에서 악을 끝내는 변환자의 모습이다.

　이는 빅터 프랭클의 저서 《죽음의 수용소에서》와도 연결된다. 《죽음의 수용소에서》를 쓴 빅터 프랭클은 악명 높은 수용소 아우슈비츠에서의 경험을 책으로 쓰기 위해 원고를 되새기며 견뎠다. 나치에게 원고를 빼앗겼을 때나 독방에 갇혔을 때도, 심지어 군인들이 자신을 인간 취급도 하지 않는 순간에도 '인간의 마지막 존엄성'만은 누구도 빼앗을 수 없음을 증명했다. 엘리시오 숙부의 모습에서도 빅터 프랭클이 발견한 것이 느껴진다. 자극과 반응 사이에서 그는 인간성을 잃지 않는 반응을 선택한 것이다. 죽음 앞에서도, 자신의 생명을 쥐고 있는 사람 앞에서도, 그는 고귀한 인간이었다. 다음은 엘리시오 숙부의 가치관이 잘 드러나는 대사다.

> *호텔의 손님들에게 인사할 때에도 해바라기가*
> *해를 향해 고개를 숙이듯이,*
> *손님들에게 우리가 하는 것은 시중이 아니라 봉사다.*
> *봉사는 예술이다. 하느님이 최초의 봉사자였다.*
> *(엘리시오 숙부)*

　엘리시오 숙부의 대사에는 '사람 위에 사람 없고, 사람 아래에 사람 없다'는 그의 가치관이 잘 드러난다. 타인을 향한 시선도 자신을 향한 시선도 건강하다.

## 변화를 원한다면

영화 곳곳에 시대를 드러내거나 고발하는 장면이 위트 있게 연출된다. 귀도의 친구 페루시오가 인테리어 매장에 면접을 보기 위해 귀도와 함께 방문했다. 귀도가 사장의 새 모자를 눈독 들인다. 자신의 헌 모자와 바꿔치기 하자 사장이 발견하고 말한다.

사장

"지금은 아주 어려운 시절이야. 어렵다고.

어려운 시절이라고요? 왜요?
정치적으로 어느 편이세요?

귀도

사장

베니토! 아돌프! 얌전히 좀 있어라!"

사장이 매장에서 장난치며 떠드는 어린 두 아들을 향해 조용히 하라고 이름을 부르는데 한 명은 베니토, 또 한 명은 아돌프다. 사장이 귀도의 질문을 못 들었다며 다시 묻지만, 귀도는 이미 들은 것과 같다. 두 아들의 이름을 베니토 무솔리니와 아돌프 히틀러에서 따온 사람이 정치적으로 어느 편인지는 뻔하다. 유대인인 귀도가 피해야 할 방향의 사람이다.

다음으로 귀도가 첫눈에 반한 아름다운 여인, 도라를 만나기 위해 꾀를 내는 장면을 살펴보자. 그는 호텔 손님으로 온 장학사에게 들은 정보를 가지고 도라가 근무하는 초등학교에 장학사인 척 방문한다. 선생님들이 서 있는 단상 뒤로 라틴어와 이탈리아어 문자가 보인다. 왼쪽부터 'LIBRO E MOSCHETTO(책과 소총)', 'DVX(우두머리)', 'FASCISTA PERFETTO(완벽한 파시스트 당원)'라고 쓰여 있다. 이곳은 초등학교다.

또 다른 장면. 귀도는 조수아와 '유대인과 개 출입 금지'라는 공지가 붙은 가게 앞을 지난다. 귀도는 조수아에게 너는 무엇을 싫어하냐며, "우리 서점에는 '고트족과 거미'를 출입 금지하자"고 말한다. 귀도는 패배주의자가 아닌, 인종차별을 당한 피해자도 아닌, 다양한 사람들의 관점 중 하나로 악의적인 공지를 유쾌하게 받아들인다. 그리고 아들 조수아가 유대인을 향한 혐오의 시선에 상처받지 않도록 애쓰는 아버지의 마음도 볼수 있다.

귀도가 재치 있게 넘기는 이 장면은 당시의 암울한 시대상을 반영한다. 같은 인간인 유대인을 개와 동급으로 보고 있기 때문이다. 무솔리니와 히틀러만의 문제가 아니다. 파시즘과 나치즘에 힘이 실린 것은 따르는 이들이 있었기 때문이다. 그들을 지도자로 인정하는 사람들이 있는 한 그들은 한 팀이다. 이상한 것을 이상하다고, 틀린 것을 틀렸다고 말하는 이들이 많아질 때 세상은 변하기 시작한다. 지금 세상이 암담하다면 어쩌면 우리가 움직이지 않음으로 인해 잘못된 방향으로 가는 세력에게 힘을 실어주고 있기 때문인지도 모른다. 그러니 변화를 원한다면 행동해야 한다. 내가 옳다고 생각하는 방향으로.

## 영화가 전하는 메시지

〈인생은 아름다워〉에 단 한 번도 등장하지 않지만 이 영화를 관통하는 인물이 있다. 독일의 철학자 쇼펜하우어다. 귀도의 친구 페루시오는 귀도와 대화하는 중에 잠이 든다. 어떻게 대화하면서 잠이 드냐며 놀라는 귀도에게 "쇼펜하우어가 의지만 있으면 무엇이든 할 수 있댔어"라고 말한다. 귀도는 영화 전반에 걸쳐 삶을 긍정하는 낙관주의자처럼 나온다. 유쾌하고 장난기 많으며 늘 웃는 얼굴이다. 그의 관점은 부정보다는 긍정을 향해 있다. 때로는 정신승리에 가까워 보이기도 한다. 페루시오가 말한 쇼펜하우어의 말과 귀도의 태도는 언뜻 낙관적이고 긍정적으로 보이지만, 사실 쇼펜하우어는 염세주의 철학자였다. 심지어 쇼펜하우어는 낙관주의가 잘못되었을 뿐 아니라 아주 해로운 이론이라고도 말했다. 왜냐하면 낙관주의는 마치 행복이 인생의 본질이자 목표인 양 설명하기 때문이라는 것이다. 모든 사람이 행복과 기쁨을 누려야 마땅하다고 여기게 만들고 행복하지 않으면 잘못 살고 있다고 생각하게 하며, 만약에 일이 기대한 대로 풀리지 않으면 누구든지 자기가 부당하게 고통받는다고 느낄 것이기 때문이라고 했다. 그러다가 어쩌면 삶의 균형을 잃게 될지도 모른다고 염려했다. 쇼펜하우어에 의하면 노동과 궁핍, 불행과 고통은 사실 죽음과 더

불어 인생의 본질이라고 할 수 있으므로 삶의 의지로 맞서가야 한다. 그것이 진정한 승리에 이르는 길이라고 말한다.

수용소에서 귀도가 보인 말과 행동은 그를 낙관주의자로 보기에 충분하다. 조수아를 숨기기 위한 말과 행동이 그랬다. 하지만 조수아와 함께 있지 않을 때 그의 표정을 보면 귀도는 두려움에 차 있다. 그는 온 힘을 다해 의지를 끌어올리고 있다. 귀도는 분명 이 상황이 무섭고 끔찍하다. 죽음의 골짜기에서 조수아를 어떻게 지키고 도라는 어떻게 찾을 것인지 막막하다. 사실 귀도는 이곳에서 자신이 살 수 없을 것이라고 이미 결론 내렸는지도 모른다. 그는 어쩌면 지독한 현실주의자인지도 모른다. 그렇기 때문에 이 죽음의 냄새가 가득한 수용소에서 그가 의지할 것은 정말 '의지'뿐이었을 것이다. 삶의 의지로서만 맞설 수 있는 벼랑 끝에서 그는 진정한 승리를 이뤘다. 이는 마지막 내레이션으로 흘러나오는 성인이 된 조수아의 말을 통해서도 알 수 있다.

> *이것이 나의 이야기다.*
> *아버지가 희생한 이야기.*
> *그것이 아버지가 주신 귀한 선물이었다.*
> *(조수아)*

쇼펜하우어는 결국 인간이란 존재는 고통의 바다에서 의지의 풍랑에 따라 떠밀려 살 수밖에 없는 비극적 존재일 뿐이라고 했다. 벗어날 길은 두 가지인데 그중 하나가 '예술'이다. 예술 작품을 감상하고 음악을 들을 때 고통에서 잠시 벗어날 수 있기에 귀도는 도라가 머물고 있을 다른 수용소 건물을 향해 창밖으로 축음기를 돌린다. 결혼 전 오페라 극장에서 도라를 돌아보게 하려고 쇼펜하우어의 의지를 주문처럼 외우는 장면 속 그 노래다. 오펜바흐의 오페라, 〈호프만의 이야기〉 중 '뱃노래'는 죽음이 늘 감도는 회색빛 수용소지만 지금 이 순간만큼은 도라와 다른 수용자들이 고통에서 벗어나기를 바라는 귀도의 마음이기도 하다. 영화 〈쇼생크 탈출〉에서 앤디가 모차르트의 〈피가로의 결혼〉 중 '산들바람이 부는 저녁에' LP 음반을 감옥 안에 울려 퍼지도록 하는 장면과도 연결된다. 모든 수감자들이 하던 것을 멈추고 음악이 흐르는 곳을 향한다. 현실은 암울한 고통이지만 음악을 듣는 순간만큼은 그렇지 않기를 바라는 앤디의 마음이다.

하지만 예술은 일시적이며 인간에게 영원한 행복을 주지 않는다. 그래서 쇼펜하우어는 고통에서 벗어나는 두 번째 방법을 말한다. 그건 바로 윤리의 길이다. 인간의 삶이 고통스럽고 비극적인 이유는 각자의 '삶의 의지'가 끊임없이 충돌하기 때문이다. 삶의 의지가 충돌하는 것을 막으려면 보편적인 윤리, 즉 공감이나 동정, 타인에 대한 연민이나 사랑을 깨달아야 한다. 그렇지 못하기 때문에 고통받는 이가 바로 수수께끼에 미친 사람, 레싱 박사다. 죽음을 코앞에 두고 생사의 갈림길에 서 있는 귀도를 레싱 박사가 간신히 장교 식당으로 빼낸다. 귀도는 생명의 동아줄을 만난 듯한 표정이다. 레싱 박사는 장교 식당에서 다른 사람의 눈을 피해 여러 번 접선을 시도한 끝에 드디어 귀도와 만난다. 그런데 어처구니없게도 레싱 박사의 용건은 '수수께끼'에 있었다. 친구가 낸 수수께끼를 도저히 풀수가 없다며 괴로운 표정으로 자신을 도와달라고 말한다. 누가 누구를 돕는단 말인가? 그 순간 귀도의 표정이란. 레싱 박사에게 귀도는 자신과 같은 한 사람이 아니라 수수께끼를 단번에 풀어 자신의 궁금증을 해소시켜줄 대상이었다. 보편적인 윤리, 타인에 대한 연민과 공감, 동정이 결여된 레싱 박사는 쇼펜하우어가 말한 삶의 고통에서 영원히 벗어날 수 없을 것이다. 그는 늘 자신만을 바라보고 있을 테니까.

## 아름다운 인생

영화는 내레이션으로 시작한다. 성인이 된 조수아의 목소리다.

> *간단하지만 하기 어려운 이야기를 하려고 한다.*
> *동화처럼 슬프고 놀라우며 행복이 담긴 이야기다.*
> *(조수아)*

우리는 이 이야기가 전쟁 중, 홀로코스트가 자행되는 유대인 수용소에서 일어난 것임을 잊으면 안 된다. 비참하고 우울하며 죽음의 그림자가 늘 드리워져 있던 그 시기. 그때를 회상하는데 동화나 행복 같은 단어가 나오는 것은 아이러니다. 우리는 〈인생은 아름다워〉 영화가 끝나고 가슴이 미어지는 슬픔과 함께 벅찬 기쁨을 느끼게 된다. 영화를 보는 내내 시종일관 재밌고 웃겼으나 눈에서는 눈물방울이 떨어졌을 것이다. 성장한 조수아의 마음처럼.

〈7번방의 선물〉에서 예승이 아빠가 사형 집행을 받으러 나가는 장면은 〈인생은 아름다워〉를 향한 오마주다. 슬릿 창을 중간에 둔 두 시선의 마주침, 자식을 향한 아빠의 마음, 사형 집행 전의 상황에 맞지 않는 우스꽝스러운 몸짓이 모두 한 방향을 향한다. 아빠의 희생을 성인이 되어 깨달은, 그때의 기억을 재해석하는 예승이는 곧 조수아다. 삶은 고통과 비극이지만, 조수아는 아버지의 희생과 사랑 덕분에 그 안에서도 웃음을 찾는 방법을 배웠다. 독일군은 귀도의 육체를 죽였으나 정신은 죽이지 못했다. 그의 아름다운 영혼과 사랑은 조수아에게 전해졌고, 시공을 넘어 그의 유산은 지속될 것이다.

어떤 순간에도 인생이 아름다울 수 있는 것은 세상이 핑크빛이라고 느끼는 낙천적인 긍정 때문이 아니다. 인생이 아름다운 건 오히려 삶은 늘 비극임을 인식하고, 그럼에도 불구하고 있는 힘껏 행복하려는 의지와 모든 것을 뛰어넘는 사랑 덕분이다. 삶을 누구보다 비극적으로 바라본 철학자 쇼펜하우어가 결국에는 사랑이라는 처방전을 제시한 것은 더 이상 아이러니가 아니다. 귀도의 생과 사가 그러한 것처럼. 인간은 죽음 앞에서 근원적 두려움을 느낀다. 인간은 누구나 죽음 앞에서 진짜 모습을 보인다. 영혼의 민낯이 드러난다. 죽음 앞에서도 의연하게 웃을 수 있었던 귀도는 강한 사람이다. 귀도의 인생은 아름다웠다. 우리의 인생도 그러하기를 바란다.

영화 〈인생은 아름다워〉에서
건져 올린 질문들

- 나에게 '아름다운 인생'은 어떤 의미인가?

- 내가 세상에 남기고 싶은 유산이 있다면 무엇인가?

- 나에게 삶을 긍정하게 하는 도구가 있다면 무엇인가?

- 나에게 실패 또는 불행을 극복하게 하는 힘은 어디에서 오는가?

- 나에게 '의지'는 어떤 의미인가?

- 나에게 '관점'은 어떤 의미인가?

- 나에게 '사랑'은 어떤 의미인가?

- 나에게 죽음을 넘어서게 하는 것이 있다면 무엇인가?

- 힘든 순간에 잠시 피난처가 되는 것이 있다면 무엇인가?

내가 만든 질문

#나의파라다이스 #모험 #진정한자유 #우정

CHAPTER 16. 업

나의 꿈, 나의 모험

# 업

감독: 피트 닥터, 밥 피터슨
출연: 에드워드 애스너(칼 프레드릭슨 목소리), 조던 나가이(러셀 목소리)
개봉: 2009.07.29.
등급: 전체 관람가

**영화 줄거리**

모험, 꿈, 부부, 우정 등의 키워드가 떠오르는 애니메이션 〈업〉의 주인공 엘리와 칼. 둘은 꼬마 모험가로 만나 우정을 키우다가 사랑을 키우고 부부가 된다. 둘의 꿈은 남아메리카에 있는 파라다이스 폭포 옆에서 모험하듯 사는 것. 하지만 엘리는 약속을 지키지 못하고 먼저 세상을 떠난다. 밝고 낙천적이었던 엘리와 달리 무뚝뚝하고 조용한 성격이었던 칼은 엘리가 떠난 후 더 차갑고 괴팍해진다. 엘리와의 추억이 담긴 집이 도시 개발로 인해 허물어질 위험에 처하자 칼은 엘리와 약속했던 모험을 꿈꾸며 수천 개의 풍선을 지붕에 매달아 남아메리카로 날아간다. 칼의 이 엄청난 모험에 초대받지 않은 불청객이 합류한다. 바로 소년 탐험가, 러셀! 안 어울리는 두 사람의 엄청난 비행이 시작된다.

**이 영화를 선택한 이유**

인간은 누구나 상실을 겪는다. 인간의 수명은 유한하기에. 하지만 상실은 끝이 아니다. 상실을 통해 우리는 소중한 존재의 의미를 깨닫는다. 유한한 시간을 인식하며 현재를 소중하게 생각할 기회를 깨닫는다. 상실을 겪기 전, 곁에 있는 소중한 존재를 충분히 사랑하고 표현해야 한다. 그리고 이별 후에는 충분히 애도하되, 그로 인해 행복했던 추억에 감사하며 앞으로 나아가야 한다. 상실은 우리를 주저앉히려는 게 아니라 소중함을 일깨워주는 사건이다. 상실로 인해 너무 힘들고 슬프다면, 함께했던 시간들이 그만큼 행복하고 감사했다는 반증이다.

## 내가 하고 싶은 일들

완전 외향형인 엘리는 통통 튀는, 오렌지빛 에너지가 온몸에서 뿜어져 나오는 사랑스러운 소녀다. 그녀는 '내가 하고 싶은 일들'이라고 제목을 붙인 스크랩북에 가슴이 뛰는 일들을 차곡차곡 모으고 있다. 그 첫 번째 페이지가 파라다이스 폭포 옆에서 사는 것! 거기에서 어떻게 살 것인지는 다음 문제다. 우선은 파라다이스 폭포 꼭대기에 집이 있어야 한다. 엘리는 집을 짓는다고 하지 않고 옮긴다는 표현을 했다.

엘리

" 난 어디서 살 거게?
파라다이스 폭포, 시간 속에 사라진 땅!
클럽회관도 폭포 옆으로 옮길 거야.
이 빈 노트에는 거기서 겪을 모험을 적을 거야.
'내가 하고 싶은 일들.'
그런데 그 폭포에 가는 방법을 모르겠어.
그래! 네가 비행선으로 데려다줘!
어서 맹세해! 마음을 걸어!

마음을 걸었어.

칼

"

꼬마였던 엘리와 칼은 이후로도 계속 함께였다. 우정을 바탕으로 사랑하는 사이가 된 그들은 이제 부부다. 신혼집은 그들이 어린 시절 클럽회관이라고 이름 붙이고 놀던 그곳이다. 폐가였던 집을 구입해서 둘이 함께 고치고 칠해서 둘만의 아름다운 보금자리로 가꾼다. 엘리는 이 집을 파라다이스 폭포 옆으로 옮긴다고 했다. 엘리는 보지 못했지만, 결국 엘리가 말한 대로, 아니 적은 대로 꿈은 이루어졌다. 〈업〉은 '칼과 엘리는 결혼해서 이후로 행복하게 잘 살았답니다'로 끝나는 디즈니식 동화가 아니다. 결혼 후 그들은 아이를 원했으나 아이를 낳을 수 없다는 의사의 선고를 듣는다. 그때부터였나 보다. 엘리의 성격이 예전 같지 않게 된 것이. 칼은 시무룩하고 조용해진 엘리를 위해 노력한다. 어떻게든 엘리의 웃는 모습을 다시 보고 싶다. 칼의 노력으로 엘리는 웃음을 되찾는다. 둘은 엘리의 꿈인 파라다이스 폭포로 모험을 떠나기 위해 저금통에 돈을 모은다. 그런데 저금통의 돈은 모여질 만하면 망가진 지붕이나 자동차를 수리하느라 없어진다. 인생이 그렇듯이(C'est la vie). 결국 엘리는 세상을 떠나기 전까지 파라다이스 폭포로 떠나지 못했다.

하지만 엘리는 모험을 성공적으로 마쳤다. 칼이 파라다이스 폭포에 도착해서 발견한 엘리의 스크랩북 뒷부분에는 칼과 지내면서 겪은 모든 일들이 모험으로 기록되어 있었다. 엘리의 인생은 자녀를 얻지 못한 슬픈 삶이 아니라, 꿈꾸던 모험을 사랑하는 사람과 함께 매 순간 이루어간 시간의 연속이었다. 우리의 삶도 마찬가지다. 언젠가 이룰 미래지향적인 꿈도 멋지지만, 매 순간 지금 꿈을 이루며 행복하게 살 수도 있다. 누군가에게는 너무나 사소해서 그게 꿈이라고 인식하지 못할 수 있지만, 꿈은 온전히 꾸는 사람의 것이니까. 아무리 작아도 또 다른 누군가에게는 평생을 그리고 바라는 것인지도 모른다. '아이와 함께하는 일상'이 누군가에게는 평범하고 당연한 일이지만, 엘리와 칼처럼 난임 혹은 불임 부부에게는 그렇지 않은 것처럼. 꿈이라는 단어가 너무 부담스럽다면 모험이라고 바꿔도 좋겠다.

*멋진 모험을 함께해줘서 고마워요, 칼.*
*이젠 새로운 당신의 모험을 떠나봐요!*
*사랑해요. 엘리가.*
*(엘리)*

엘리가 세상을 떠나기 전에 칼과 함께 꿈의 파라다이스 폭포에 도착했다면 무척 기뻤겠지만, 가지 못했어도 엘리는 실망하지 않았다. 파라다이스 폭포에 집을 옮겼는지 아닌지가 중요한 게 아니라, 그곳을 향해 함께 가는 과정이 엘리에게는 멋진 모험이었다. 엘리의 꿈이었던 '파라다이스 폭포로 가는 모험'은 칼과 함께한 인생 그 자체였다. 엘리에게 '결과적으로 이루지 못한 꿈'이 아닌 꿈을 이루는 과정이었다. 그러니 지금 당장 스크랩북에 '내가 하고 싶은 일들' 목록을 적어보자. 가능성 여부는 접어두고 '하고 싶은'에 집중하자.

## 누구를 위한 인생인가

칼과 엘리가 부부의 연을 맺게 된 것은 어쩌면 탐험가 찰스의 덕분이라고 할 수 있다. 칼과 엘리는 모험이라는 공통 관심사 덕분에 만나게 되었고 결국 결혼까지 한다. 둘은 어린 시절부터 찰스를 함께 동경했다. 찰스가 '모험의 정신 호'를 타고 다녀온 그 파라다이스 폭포에 가겠다는 꿈도 함께 꾼다. 하지만 과학계에서는 찰스가 남미를 탐험하고 돌아오며 가져온 거대 새 골격이 가짜라며 사기꾼 취급을 했고, 국립탐험가협회는 찰스를 협회에서 제명했다. 화가 난 찰스는 누명을 벗기 위해 괴물을 생포해 오겠다며 파라다이스 폭포로 돌아간 후 다시 돌아오지 않았다. 그가 떠난 지 거의 70년이 흘렀다. 칼이 풍선을 단 집을 타고 파라다이스 폭포 근처에 도착한 후, 그곳에서 찰스를 만난다. 찰스는 90세가 넘었지만 여전히 탐험가였다. 어릴 때부터 존경하던 영웅 찰스를 만나게 된 70대 노인 칼은 흥분을 감출 수가 없다. 하지만 찰스는 칼이 생각하던 멋진 영웅이 아니었다.

> 다들 날 사기꾼이라지만 이 거대 새만 가져가면 누명은 벗겨져.
> 아름답지 않나? 이걸 쫓는 데 평생을 바쳤어.
> 때론 몇 년씩 눈에 안 띄기도 해.
> 녀석을 위험한 둥지에서 끌어내려 해도 들어갈 수가 없어.
> 들어가면 못 나오거든. 많은 개를 잃었지.
> 게다가 그 새를 노리는 도둑들도 많아.
> 놈들도 곧 깨닫겠지. 이 산이 얼마나 위험한지….
> (찰스)

찰스가 쫓는 거대 새의 이름은 케빈이다. 러셀이 먹고 있던 초콜릿을 한 입 몰래 먹고는 칼이 귀찮다고 쫓아 보내도 계속 따라다니는, 러셀이 케빈이라고 이름까지 붙여준 그 새다. 찰스가 70년 동안 찾아 헤매며 손에 넣을 수 없었던 그 새는 칼과 러셀의 곁을 맴돌며 따라다닌다. 이 무슨 아이러니인가? 찰스가 거대 새를 원하는 이유는 새가 좋아서도 새를 키우고 싶어서도 아니다. 단지 증명하고 싶어서다. 그는 타인의 인정을 위해 거대 새를 쫓았다. 진실을 말했지만 사람들이 믿지 않았고, 그는 사기꾼이라는 누명을 썼다. 충분히 억울할 만하다. 분개할 수 있다. 하지만 삶은 타인의 인정이 있어야만 완성되는 게 아니다.

찰스는 거대 새를 쫓을 게 아니라 타인의 인정이 자신에게 왜 중요한지, 그리고 협회에 이름을 올리는 것이 탐험가로서 자신에게 어떤 의미인지 깊이 생각하고 성찰하는 시간이 필요했다. 아니, 애초에 그가 탐험하는 이유에 대해서 그는 다시 생각할 필요가 있었다. 무엇을 위한, 누구를 위한 모험인가. 그가 거대 새를 사로잡아 증거물로 가져와도 과학계와 협회에서는 인정하지 않을 수 있다. 진실을 증명해도 믿지 않는 상황이 오면 그땐 어떻게 해야 할까? 타인의 인정을 얻으려 하기 전에, 자신이 먼저 스스로를 믿고 인정하는 것이 중요하다. 온전히 자신을 믿는다면 찰스처럼 타인의 인정을 받기 위해 인생을 70년이나 허비하지 않을 것이다.

증명을 위해 70년을 쓰는 것은 과연 누구를 위한 것일까. 새를 쫓는 그 시간 동안 찰스는 행복했을까? 그는 온전히 자신의 인생을 살지 못했다. 타인의 시선을 의식하며 증명하기 위한 삶이었다. 파라다이스 폭포에 가는 꿈을 꾸었지만 결국 가지 못한 엘리의 삶과 비교해보자. 엘리의 꿈은 칼과 함께 파라다이스 폭포에 가는 것이었고 꿈을 향해 나아가던 중 세상을 떠났다. 엘리가 직접 말하지 않았지만 그녀는 행복했다. 스크랩북에 적혀 있듯이 칼과의 모든 추억이 그녀에게 모험이었다. 파라다이스 폭포에 도착하는 것만이 아니라.

*당신과의 모험이 고마웠어요.*
*이젠 새로운 모험을 찾아 떠나요.*

*(엘리)*

엘리는 알고 있었다. 꿈은 미래의 어느 한 점이 아니라 그것을 향해 가는 선과 같다는 것을. 엘리가 죽은 후, 칼이 파라다이스 폭포를 향해 집을 띄우는 것은 사실 엘리를 위한 게 아니었다. 칼은 엘리의 평생의 꿈을, 그녀와의 약속을 이룬다고 생각하겠지만, 그래서 러셀, 케빈, 더그를 버리고 혼자서 꿋꿋하게 파라다이스 폭포까지 집을 끌고 가지만, 그것은 칼 자신을 위한 행동이었다. 그렇게 해야 떠난 엘리에게 미안한 마음을 덜 수 있을 테니까. 죽은 엘리는 칼이 파라다이스 폭포 옆에 집을 옮겼는지 아닌지 알 수 없다. 엘리는 자신이 떠난 후 칼이 행복하기를 바랐다. 스크랩북에 적었듯이. 결국 그 사실을 칼도 깨닫는다.

## 떠나보내며 완성되다

칼에게 집은 엘리 그 자체다. 엘리와의 추억이 담긴 모든 시간이다. 집 안에 있는 물건 하나하나도 다 소중하다. 풍선을 매달고 날아가던 중 폭풍우에 집이 휩쓸릴 때, 칼은 방향키가 아닌 액자와 소품을 향한다. 엘리의 사진이 깨지는 것을 차마 볼 수가 없다. 찰스가 케빈을 잡기 위해 칼의 풍선 달린 집에 불을 질렀을 때도 칼은 케빈이 아니라 집을 향해 달려간다. 칼에게 집은 단순한 건물이 아니다. 칼에게 집은 곧 엘리이고 엘리의 영혼이 깃든 생명체와 같다.

*걱정 마, '엘리'. 내가 붙잡고 있어.*
*걱정 마, '엘리'. 폭포까지 꼭 갈 수 있어.*
*비 안 맞게 해줘서 고마워, '엘리'.*
*(칼)*

그랬던 칼에게 변화가 생긴다. 함께 모험에 동참하게 된 소년 탐험가 러셀을 구하러 가기 위해 출발하는데 풍선이 집의 무게를 견디지 못해 떠오르지 않자 무게를 줄이기 위해 집 안의 물건들을 밖으로 **빼내기** 시작한 것이다. 액자, 소품, 엘리와 늘 함께 앉아 있던 소파 등 가구들까지 모두 밖에 버린다. 안을 비우자 드디어 집이 둥실 떠오른다. 칼은 이제 깨달았다. 엘리와의 추억이 담긴 집, 가구와 소품은 단지 물건일 뿐 엘리와의 기억도 엘리도 아니라는 것을. 가장 소중한 것은 가슴속에 자리하며 낡지도 사라지지도 않는다는 것을.

비행선 지붕 위에서 찰스가 풍선에 매달린 집 안에 있는 러셀을 향해 총을 겨누자, 칼은 러셀에게 케빈과 더그를 꽉 잡으라고 말하며 초콜릿을 보여준다. 초콜릿을 좋아하는 새 케빈이 창문을 뚫고 집 밖으로 나오는 순간, 풍선에 매달려 있던 집은 비행선 아래로 떨어진다. 러셀은 칼에게 집이 얼마나 중요한지 모험 내내 봐왔다.

　엘리와 칼의 집이 구름 아래로 내려가는 장면을 보는 칼의 표정은 이제 진짜 엘리를 떠나보내고 모든 것을 인정하며 받아들이는 듯하다. 러셀의 위로에 칼은 집은 그냥 집일 뿐이라고 말하며 미소 짓는다. 칼의 대답은 단순히 러셀을 안심시키기 위한 게 아니다. 칼은 이제 안다. 집은 그냥 집일 뿐, 엘리가 아니라는 것을. 그리고 엘리와의 소중한 추억은 집이 아니라 그의 기억 속에 영원히 함께한다는 것도. 아이러니하게도 집을 버림으로써 칼의 모험은 완성된다. 풍선에 매달려 날아간 그 집이 딱 파라다이스 폭포 옆에 안착했다. 엘리의 보물, 스크랩북에 그린 모습 그대로다. 칼은 모르고 엘리도 모르며, 단지 관객만 전지적 작가 시점으로 볼 수 있다. 칼과 엘리를 응원하는 관객을 위한 감독의 배려처럼 느껴진다. 하지만 집이 파라다이스 폭포 옆에 안착하지 않고 영영 사라져버렸다 해도 칼의 모험은 집을 떠나보낸 순간 이미 완성되었다. 그의 몸을 잡고 있는 중력 같았던 집을 놓는 순간 하늘로 둥실 떠올랐으니까. 풍선에 매달았던 집을 떠나보내고 칼은 찰스의 '모험의 정신 호'를 타고 돌아온다. 마치 감독은 자신의 업적과 명분을 위해 다른 생명을 함부로 해치는 찰스가 아니라, 소중한 것을 지키기 위해 용기 내는 칼이 '모험의 정신 호'를 차지할 자격이 있다고 말하는 듯하다.

칼의 진짜 모험은 집을 떠나보낸 그 순간부터라고 할 수 있다. 엘리와의 추억이 담긴 집을 지키느라 정작 집을 떠나지도 못하고 머무르며, 정신부터 노인이 되어가던 칼은 이제 으레 짚고 다니던 지팡이를 사용하지 않는다. 다시 일상으로 복귀한 칼은 재혼해서 떠난 아빠를 늘 그리워하는 러셀과 함께 야생탐험대 옷을 입는다. 그들에게 일상은 곧 모험이다. 엘리가 남긴 스크랩북에 칼은 파라다이스 폭포에서 돌아온 이후의 삶을 사진과 그림으로 기록한다. 풍선처럼 가벼워 보이는 칼의 미소는 덤이다. 엘리가 떠난 이후 늘 혼자였던 칼의 곁에는 이제 러셀이 있다. 그리고 부모님의 사랑이 그리운 러셀은 칼과 함께하는 시간으로 충분히 사랑받는다고 느낀다.

움켜쥐고 있느라 보지 못하고 있는 진실이 무엇인지, 무엇을 떠나보내면 우리의 일상이 둥실 떠오를지 생각해보면 좋겠다. 정말 소중한 것은 움켜쥐지 않아도 남을 테니.

## 생각할 것 세 가지

애니메이션 〈업〉을 보며 세 가지를 생각했으면 좋겠다. 첫째, 생각만 해도 신나는 것이 무엇인가? 엘리가 자신의 스크랩북에 적은 것처럼 적는 순간부터 신나는 것들은 삶에 활력을 준다. 찰스처럼 타인의 인정을 받기 위해서가 아니고 목표로서도 아닌, 그 자체로 신나고 과정까지 행복한 게 무엇인지 생각해보자.

둘째, 나는 지금 어디를 향해 가고 있고, 무엇을 진짜로 원하는가? 칼이 모두를 버리고 혼자 끙끙대며 집을 파라다이스 폭포 옆으로 옮길 때그의 얼굴은 꿈을 향해 가는 행복한 표정이 아니었다. 육체적으로 힘들기때문도 있겠지만 그것만이 이유는 아니다. 엘리와 함께 그곳에 가는 모든과정이 행복이었으나 '파라다이스 폭포 옆에 집을 옮기는 것' 자체가 그의 꿈은 아니었기 때문이다. 그가 진짜로 원하는 것은 그 순간 그에게 소중한 존재인 러셀을 지키는 것이었다. 그리고 그는 행복하고 싶었다. 엘리와의 꿈이었던 파라다이스 폭포 옆으로 집을 옮기면 행복해질 것 같았으나 그렇지 않았다. 그는 엘리가 스크랩북에 적었듯이 새로운 모험을 시작했다. 그리고 행복해졌다. 지금 열정을 다하고 있는 일이 자신에게 어떤의미가 있는지 생각해보자. 그것이 자신이 정말 원하는 일인지도.

셋째, 내가 집착하는 것이 있다면 무엇인가? 그것은 나에게 어떤 의미인가? 집은 '엘리'가 아니지만 칼은 집에 의미를 부여하고 집착했다. 우리도 그럴 수 있다. 소중한 존재와의 이별로 상실을 겪고 있다면 더욱 그럴수 있다. 물건이나 장소에 의미를 부여하고 슬퍼하는 애도의 시간이 필요할지도 모른다. 하지만 후회와 죄책감으로 자책하기보다는 함께하면서행복했던 순간들을 떠올리고 감사했으면 좋겠다. 그 시간이 우리에게 남긴 것을 기억했으면 좋겠다. 생명의 유한함은 우리에게 소중함을 깨닫게한다. 움켜쥐지 않아도 우리에게 남는 것이 무엇인지 확인해보자.

?!

영화 〈업〉에서
건져 올린 질문들

● 생각만 해도 가슴 뛰는 '내가 하고 싶은 일들' 리스트에 무엇이 적혀 있는가?

● 나에게 '파라다이스 폭포'는 어디인가?

● 나에게 '새로운 모험'은 어떤 의미인가?

● 나에게 '도움'은 어떤 의미인가?
  나는 '도움'을 주고받는 것을 어떻게 생각하는가?

● 나에게 '상급대원이 되는 것'은 어떤 의미인가?

● 나는 지금 어디를 향해 가고 있는가?

● 나에게 '최고의 영예'는 무엇인가?

● 내가 집착하는 것이 있다면 무엇인가? 그것은 나에게 어떤 의미인가?

● 나는 어떤 상실을 겪고 있는가? 무엇을 후회하고 무엇에 감사하는가?

┌─────────────────────────────────────────────┐
│ 내가 만든 질문                                    │
│                                              │
│                                              │
│                                              │
└─────────────────────────────────────────────┘

#열정 #최고의사랑 #기적 #내가진짜원하는것

**CHAPTER 17. 노트북**

**최고의 인생**

# 노트북

감독: 닉 카사베츠
출연: 라이언 고슬링(노아), 레이첼 맥아담스(앨리)
개봉: 2004.11.26. (재개봉: 2016.10.19. / 2020.11.04.)
등급: 15세 관람가

**영화 줄거리**

이 영화는 평생 한 사람만을 사랑한 노아와 그의 영원한 연인 앨리의 사랑 이야기다. 실화를 기반으로 한 동명의 소설을 원작으로 한다. 가족과 함께 여름을 보내러 시골 마을인 시브룩으로 온 밝고 순수한 상류층 소녀, 앨리. 그 마을에 살고 있는 열일곱 살의 목재소 노동자, 노아. 동갑내기인 둘은 빠른 속도로 서로에게 빠져든다. 하지만 순수한 사랑을 하는 둘 사이는 마냥 순탄하지 않다. 부자인 앨리의 부모님은 가난한 노아를 인정하지 않는다. 여름을 채 보내기 전에 앨리는 부모님에 의해 강제로 시브룩을 떠나게 되고, 그렇게 둘은 헤어진다. 시간이 흘러 7년 후, 앨리는 우연히 신문에서 노아의 소식을 접한다. 노아는 앨리가 꿈꾸듯 말했던 집을 그대로 재현했다. 하얀 집, 이층을 전부 두른 테라스, 아름다운 현관. 잊을 수 없었던 첫사랑 앞에서 앨리는 다시 한번 선택의 기로에 선다.

**이 영화를 선택한 이유**

부모가 자식에게 자기 뜻을 강요하는 마음은, 자식이 행복하기를 바라는 선한 의도에서였을 것이다. 하지만 자식의 인생을 부모가 결정할 수는 없다. 누구도 타인의 생을 대신 살 수 없고, 선택으로 인한 감정을 대신 느껴줄 순 없기 때문이다. 중요한 결정적 순간에 어떤 선택을 해야 할지 망설이고 있다면, 영화 〈노트북〉의 주인공 노아와 앨리를 보며 자신의 마음을 들여다보면 좋겠다. 자신이 진짜로 원하는 게 무엇인지, 주위의 시선과 상황을 빼고 정말 무엇을 원하는지, 그리고 진정한 사랑에 대해서도.

## 해야 하는 것 말고 '하고 싶어서 하는 것'

앨리는 도시에서 온 17세 소녀다. 가족과 함께 여름을 보내기 위해 시골 마을 시브룩에 왔다. 이 마을에 사는 동갑내기 소년 노아는 목재소에서 일한다. 둘은 만난 지 얼마 안 되어 급속도로 서로에게 빠져든다. 앨리는 밝고 순수하며 충동적이다. 둘은 자주 다투지만, 노아는 그런 앨리를 진심으로 사랑한다. 상류층 자제인 앨리는 하루 일과가 빽빽하게 정해져 있다. 눈 뜨면 아침 식사 후 수학과 라틴어 교습을 받고, 점심 식사 후에는 테니스와 무용 레슨, 프랑스어 교습, 피아노 레슨을 받는다. 저녁 식사 이후에는 가족과의 시간을 보낸 후 독서를 하도록 정해졌다. 앨리는 노아에게 자신이 여러 대학에 원서를 넣었는데, '우리'는 그중 어떤 대학을 원한다고 말한다. 앨리가 말하는 '우리'는 앨리 자신과 부모님이다. 앨리는 모든 걸 부모님과 결정한다. 그런 앨리에게 노아가 묻는다.

노아

> 여가 시간에는 뭐해?
> 너, 해야 해서 하는 것밖에 없잖아.
> 하고 싶어서 하는 건 뭐야?
> 그게 네 문제야.
> 넌 하고 싶은 걸 안 해.

그림이야.
하고 싶은 일 말이야.
난 그리는 거 좋아해.
머릿속에 생각이 많아서 복잡할 때
붓만 들면 세상이 고요해져.

앨리

노아의 일침은 앨리뿐 아니라 영화 밖의 우리에게도 적용된다. 부모님의 의견을 존중하는 것, 해야 해서 하는 것, 책임감으로 하는 것은 중요한 일이다. 혼자 사는 게 아닌 이상 우리는 의무에도 충실해야 한다. 하지만 해야 하는 것만 하며 사는 삶은 너무 팍팍하다. 앨리는 노아의 질문을 받고 한참 만에 대답한다. 실은 그림 그리는 것을 좋아한다고. 머릿속이 복잡할 때 붓을 들면 세상이 고요해진다고. 하지만 앨리의 바쁜 일과 중에 그림 그리는 시간은 없다. 중요한 것을 함께 결정하는 부모님은 앨리가 정말 하고 싶은 일에 관심이 없거나 그것은 별로 중요하지 않다고 생각하는지도 모른다. 앨리의 부모님이 앨리를 사랑한다는 것을 부정할 수는 없다. 하지만 그 사랑이 앨리의 날개를 꺾고 새장 안에 가두고 있다는 건 모르는 듯하다. 누구도 자신의 인생을 대신 살아줄 수 없다. 앨리의 인생에 "네가 하고 싶어서 하는 게 뭐야?"라고 물어봐 준 사람은 노아가 처음이었다. 이건 사실 스스로 해야 할 중요한 질문이다. 나의 마음은 무엇을 원한다고 말하고 있는지, 언제 머릿속이 맑아지고 온 세상에 홀로 존재하는 것처럼 고요해지는지 생각해보자. 그리고 나에게 그런 질문을 하는 이는 누구인지도 생각해보자.

## 자유를 향한 갈망

17세의 앨리가 노아와 함께하며 급속도로 빠져든 것은 우연이 아니다. 노아는 아버지를 존중하지만 자신의 인생을 스스로 결정하고 책임진다. 노아가 목재소에서 일하며 경제활동을 하는 이유를 가난해서라고 볼 수도 있지만, 경제적·정서적 독립으로 볼 수도 있다. 앨리 스스로는 인식하지 못하고 있지만 '새가 되고 싶다'고 말하는 앨리의 마음 깊은 곳에는 부모님에게 휘둘리는, 부모님이 하라는 대로 하는 자신에 대한 불만과 동시에 자유에 대한 갈망이 있다. 당당하고 독립적인 노아에게 솔직하고 순수한 앨리가 반한 것은 어쩌면 당연하다.

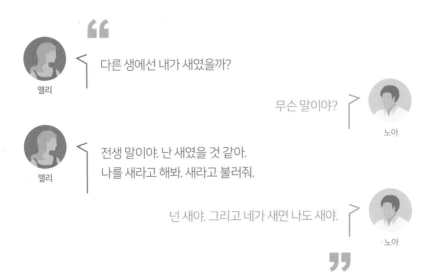

앨리

**다른 생에선 내가 새였을까?**

무슨 말이야?

노아

**전생 말이야. 난 새였을 것 같아.**
**나를 새라고 해봐. 새라고 불러줘.**

앨리

넌 새야. 그리고 네가 새면 나도 새야.

노아

앨리는 답답함을 느끼고 자유를 갈망하지만, 결국 순응하고 상류층의 삶을 산다. 부모님의 반대로 노아와 헤어진다. 앨리가 대학교 3학년 때 간호조무사가 되어 병상의 병사들을 간호하기로 선택한 이유는 따로 나오지 않지만, 앨리가 노트북에 쓴 '우리의 이야기'에 그 이유가 나온다. 앨리에게 그들은 노아였거나, 노아와 함께 정글이나 눈밭에서 싸운 전우였다고. 앨리는 새처럼 완전히 부모님을 떠나는 삶을 선택하지 않았지만, 앨리의 삶에는 인식하든 인식하지 않았든 늘 노아가 깃들어 있었다. 앨리는 론의 청혼을 받는 순간에도 노아를 떠올렸다.

이후로도 앨리는 온전한 선택이 아닌 물길에 이끌리듯 부모님이 원하는 선택들을 한다. 앨리를 찾아 시브룩에 온 약혼자 론에게 사실을 말하고 노아에게 온 그때가 바로 앨리가 처음으로 부모님의 둥지를 완전히 떠난 순간이다. 앨리는 태어나서 처음으로 부모님을 거스르고 타인에게 상처 주는 것을 감수하며, 자신이 진정 원하는 선택을 했다. 우리는 어떤가. 지금 둥지에 있는지, 아니면 부모님의 둥지를 떠나 새로운 나만의 둥지를 꾸렸는지 생각해보자. 공간의 분리만을 말하는 게 아니다. 결정 앞에서 온전히 자신의 마음을 바라보고 선택하고 책임지는지 묻는 것이다.

## 지극히 사랑한다는 의미

영화는 시간이 흘러 노인이 된 노아의 독백으로 시작한다. 영상에는 붉은 노을을 등지고 노를 젓는 한 사람의 모습이 나온다. 물살을 따라 흐르듯 몸을 맡길 수도 있지만, 원하는 곳으로 가기 위해서는 물살을 가르며 노를 저어야 한다. 때로는 물길을 거슬러야 할 때도 있다. 그 순간 우리 육체는 고단함을 견뎌야 한다. 사랑도 마찬가지다. 힘 안 들이고 물길을 따라 내려가기도 하지만, 때로는 물길을 거슬러 올라가야 할 때도 있다.

*나는 대단한 사람이 아닙니다.*
*평범한 보통 사람이죠.*
*남다른 인생도 아니었고요.*
*날 기리는 기념탑도 없고 내 이름은 곧 잊히겠죠.*
*하지만 한 가지 눈부신 성공을 했다고 자부합니다.*
*한 사람을 지극히 사랑했으니 그거면 더할 나위 없이 족하죠.*

*〈노아〉*

노아가 한 사람을 지극히 사랑했던 과정은 때로는 물길을 거스르는 것과 같았을 것이다. 그는 스스로 만족할 만큼 사랑했고 사랑받았다. 스스로 눈부신 성공이라고 자부할 만큼의 사랑은 결코 평범하다고 말할 수 없다. 사랑한다는 건 쉬워 보이기도 하지만, '사랑'은 어느 한순간의 감정만을 말하는 게 아니기 때문이다.

사랑에는 용기가 필요하다. 사랑한 만큼 돌려받는다는 보장이 없기에. 지극히 사랑한다는 것은 비굴하게 나를 누른다는 뜻이 아니다. 상대방의 그림자까지도 인정하고 나의 그늘 또한 건강하게 드러낼 수 있는 관계를 말한다. 진실한 사랑은 얼굴 보고 앉아서 사랑한다고 말만 하는 게 아니다. 물살을 거슬러 노를 젓는 것처럼 일상의 고단함과 때때로 부는 풍랑, 때가 되면 날이 저무는 어둠까지도 감수해야 한다. 노아의 독백은 반복되는 일상에 가라앉지 않으며 매일을 성실하게 사랑하며 살아온 한 사람의 당당한 고백이다. 지금 나는 누구를 사랑하고 있는지, 후회 없는 사랑을 하고 있는지, 혹은 누군가를 사랑할 준비가 됐는지 생각해보자. 그리고 나는 어떤 삶을 성공이라고 정의하는지 생각해보자.

**세 자녀**

> 아빠, 집으로 오세요.
> 엄만 우릴 못 알아봐요. 아빠도 몰라봐요.
> 앞으로도 그럴 거고요. 아빠가 그리워요.
> 여기 계시는 건 말도 안 돼요.
> 엄마는 저희가 돌아가면서 보살필게요.

얘들아… 엄마를 사랑한다.
엄마가 여기 있잖아. 혼자 둘 순 없어.
여기가 내 집이야. 너희 엄마가 내 집이야.

**노아**

　노아는 앨리와의 결혼생활 동안 성실했을 것이다. 남편으로서 그리고 아빠로서. 노년의 아버지를 요양병원에서 다시 집으로 모셔가려는 자녀의 진심 어린 말을 듣는 일은 사실 드물다. 자녀들은 어머니를 진심으로 사랑하는 아버지를 통해 사랑의 좋은 모델을 가장 가까이에서 목격했다. 사랑에 책임을 다하는 부모의 모습은 가장 좋은 가정교육이 되었을 것이다. 아내가 있는 곳, 이곳이 자신의 집이며, 아내가 자신의 집이라고 말하는 노년의 노아를 보며 김혜린 작가의 《불의 검》 중 한 장면이 떠오른다. 가라한 아사가 아라에게 "우리가 견뎌온 세월 중에 그대가 벼려낸 가장 큰 칼은 나다"라고 말하는 장면이다. 세상 풍파와 우여곡절을 겪으며 노아와 앨리는 서로에게 집이 되었다. 가장 원하는 것이 무엇인지 스스로에게 묻고 그 선택에 책임졌기 때문이다.

## 영화가 전하는 메시지

영화 초반에 17세의 노아는 앨리에게 "원해서 하는 게 뭐야?"라고 질문한다. 그리고 7년 후, 24세의 노아가 앨리에게 "넌 뭘 원해?"라고 묻는다. 앨리에게 이렇게 질문하는 사람은 노아가 유일하다. 상황을 다 걷어내고 자신의 마음을 들여다보라고, 진짜 원하는 게 뭐냐고. 우리는 스스로 묻고 답을 발견해야 한다. 앨리는 노아 곁에 있을 때 그림을 그린다. 앨리가 해야 하는 것 말고 원해서 하는 것을 편안하게 할 수 있는 곳은 노아 곁이다. 그것을 앨리는 결국 깨닫는다.

> *모든 사람을 만족시킬 순 없어!*
> *나, 론, 네 부모님이 원하는 건 접어둬!*
> *넌 뭘 원해? 넌 뭘 원해?*
> *넌 뭘 원하냐고!*
> *(노아)*

이 영화를 본 관객의 반응은 크게 두 가지로 갈린다. 노아와 앨리의 기적 같은 사랑에 대한 감동을 받았다는 반응과, 개념 없는 여주인공 앨리가 이기적이어서 집중할 수 없었다는 반응이다. 앨리의 노력으로 보이는 장면보다는 노아의 헌신과 사랑이 더 부각되는 것이 사실이다. 성별혹은 입장에 따라 편을 들기도 하고 비판하기도 한다. 영화를 보고 등장인물에 이입하고 몰입하는 순간도 좋지만, 영화를 통해 우리 삶을 들여다보고 자신의 가치관을 찾는 과정도 중요하다. 영화 속 등장인물의 어떤 행동이나 결정이 마음에 들지 않고 화가 난다면 그것으로 멈추는 게 아니라, 나는 왜 그 장면에서 화가 났고 어떤 가치와 부딪쳤는지, 그렇다면 나는 어떤 가치를 중요하게 생각하는지 발견하는 데까지 생각의 길을 이어가 보자.

## 불꽃이 사그라진 자리의 작은 불씨도 때가 되면 다시 타오르리니

노아와 앨리의 시간은 어느덧 강에 비친 붉은 노을처럼 황혼을 바라보고 있다. 주위가 어두워지고 생의 시간이 얼마 남지 않은 듯하다. 앨리는 노년에 알츠하이머병을 앓고 있다. 노아와 앨리가 머물고 있는 요양병원은 노아가 앨리와의 약속을 지키기 위해 개조한 그 집이다. 그들이 처음 사랑을 나눈, 폐가였던 윈저 저택이다. 그들의 시간이 담긴 공간에서 조금이라도 안정적일 수 있도록 앨리를 보살피려는 노아의 의지다. 앨리의 기억이 잠시라도 돌아올 수 있도록 노아는 매일 새로운 만남처럼 앨리에게 다가간다. 가벼운 인사를 하고 함께 산책하거나 식사를 한다. 앨리에게는 새로운 만남이지만, 노아에게는 매일 같은 말과 행동의 반복이다. 어느 날 5분 남짓의 시간 동안이라도 앨리가 돌아올 수 있기를 바라며 노아는 매일 그녀에게 '우리의 이야기'를 읽어준다. 앨리가 쓰고 자신이 돌아올 수 있도록 노아에게 읽어달라고 부탁한 글이다. 새로 온 의사는 노아에게 앨리의 병은 노인성 불치병이라며 허황된 꿈은 버리라고 말하지만, 노아는 '과학이 닿지 않는 곳에 기적이 있소'라고 말하며 앨리를 끝까지 포기하지 않는다.

*내 사랑 앨리에게.*
*최고의 사랑은 영혼을 일깨우고 더 많이 소망하게 하고*
*가슴엔 열정을 마음엔 평화를 주지.*
*난 너에게서 그걸 얻었고 너에게 영원히 주고 싶었어.*
*사랑해, 언젠가 다시 만나.*
*노아가.*
*(노아의 편지 중에서)*

앨리의 부모님에 의해 헤어진 후, 노아는 앨리에게 매일 한 장씩 1년간 편지를 보냈다. 하지만 앨리의 엄마가 편지를 숨기는 바람에 앨리는 노아에게서 아무런 연락이 없다고 생각했다. '우리의 이야기'에서 노아가 보냈던 편지를 앨리가 7년 만에 받아들고 읽는 장면에서 노년의 앨리는 감정의 울렁임을 느낀다. 아름답다고, 너무나 아름답다고 말하는 앨리는 왠지 모르게 슬퍼진다. 자신이 누구인지, 옆에 앉아 있는 사람은 누구인지 기억은 돌아오지 않았지만, 감정은 이 이야기가 자신과 무관하지 않다고 말한다. 감정은 느끼지만 정신은 돌아오지 않아 당황하는 앨리에게 노아는 "어찌할 바를 모르더라도 걱정하지 말라"고 다독인다.

> 상실되지 않거나 상실될 수 있는 것은 없다.
> 육신은 둔하고 나이 들고 차가우나,
> 불꽃이 사그라진 자리의 작은 불씨도
> 때가 되면 다시 타오르리니.

노아

직접 쓰셨나요?

앨리

아뇨, 휘트먼의 시예요.

노아

　영화 〈노트북〉에는 월트 휘트먼의 시가 계속 나온다. 서민적이고 당당하며 스스로를 믿는 월트 휘트먼과 노아는 닮았다. 어린 시절 노아의 말 더듬는 버릇을 고치기 위해 아버지가 시를 낭독시켰는데, 이후로 휘트먼의 시는 노아의 삶과 동행한다. 노아는 육신이 둔하고 나이 들고 차가워지더라도, 작은 불씨는 때가 되면 다시 타오른다고 믿는다. 그 불씨가 우리가 생각하는 것과 다를지라도. 노아는 아프다는 개념도 '닳아지는 과정'이라고 생각한다. 속상하고 슬픈 일이 아니라 자연스러운 순리라고 받아들인다. 그것은 자포자기가 아니다. 지나간 것, 불가능한 것이 아니라 지금 현재 할 수 있는 일에 최선을 다하겠다는 의지의 표현이다. 만약 과거를 회상하고 불꽃이 사그라진 자리를 바라보며 슬퍼하고 있다면, 노아가 낭독한 휘트먼의 시를 소리 내어 읽어보자. 불꽃이 사그라진 자리의 작은 불씨도 때가 되면 다시 타오르리니.

?!

영화 〈노트북〉에서
건져 올린 질문들

- 해야 해서 하는 일 말고 하고 싶은 일은 무엇인가?

- 나에게 '기적'은 어떤 의미인가?

- 다시 타오르기를 기다리는 작은 불씨가 있다면 무엇인가?

- 나에게 '성공한 인생'은 어떤 의미인가?

- 지금 내가 진짜로 원하는 것은 무엇인가?

- 나에게 '최고의 사랑'은 어떤 의미인가?

- 나는 언제 어디에서 무엇을 할 때 가장 편안하게 나다울 수 있나?

- 내가 살고 싶은 곳은 구체적으로 어떤 공간인가?

- 나는 부모님의 둥지에서 온전히 나와서 나의 둥지를 만들었나?

- 나에게 올바른 선택의 기준은 무엇인가?

---

내가 만든 질문

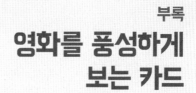

# 영화를 풍성하게 보는 카드

## 영화 제목

- 감독
- 출연
- 개봉일
- 관람일
- 등급

- 나의 별점  ☆ ☆ ☆ ☆ ☆

- 한줄평

- 키워드

- 관람 후 느낀 감정

- 인상적인 장면/대사(1)

- 이유

● 인상적인 장면/대사(2)

● 이유

● 인상적인 장면/대사(3)

● 이유

● 영화에서 건져 올린 질문
① 
② 
③ 

● 감독의 의도/메시지

**영화를 풍성하게 보는 카드**

## 영화 제목

- 감독
- 출연
- 개봉일
- 관람일
- 등급

- 나의 별점  ☆ ☆ ☆ ☆ ☆

- 한줄평

- 키워드

- 관람 후 느낀 감정


- 인상적인 장면/대사(1)


- 이유

● 인상적인 장면/대사(2)




● 이유




● 인상적인 장면/대사(3)




● 이유




● 영화에서 건져 올린 질문

① 

② 

③ 

● 감독의 의도/메시지

**영화를 풍성하게 보는 카드**

## 영화 제목

- 감독
- 출연
- 개봉일
- 관람일
- 등급

- 나의 별점  ☆ ☆ ☆ ☆ ☆

- 한줄평

- 키워드

- 관람 후 느낀 감정


- 인상적인 장면/대사(1)


- 이유

- 인상적인 장면/대사(2)

- 이유

- 인상적인 장면/대사(3)

- 이유

- 영화에서 건져 올린 질문
① 
② 
③ 

- 감독의 의도/메시지

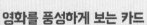

## 영화 제목

- 감독
- 출연
- 개봉일
- 관람일
- 등급

- 나의 별점  ☆ ☆ ☆ ☆ ☆

- 한줄평

- 키워드

- 관람 후 느낀 감정

- 인상적인 장면/대사(1)

- 이유

● 인상적인 장면/대사(2)

● 이유

● 인상적인 장면/대사(3)

● 이유

● 영화에서 건져 올린 질문
① 
② 
③ 

● 감독의 의도/메시지

Foreign Copyright:
Joonwon Lee
Address: 3F, 127, Yanghwa-ro, Mapo-gu, Seoul, Republic of Korea
        3rd  Floor
Telephone: 82-2-3142-4151
E-mail: jwlee@cyber.co.kr

# 영화가 나를 위로하는 시간

2021.  9. 14. 초 판 1쇄 인쇄
**2021.  9. 27. 초 판 1쇄 발행**

지은이 | 윤지원
펴낸이 | 이종춘
펴낸곳 | **BM** ㈜도서출판 **성안당**
주소 | 04032 서울시 마포구 양화로 127 첨단빌딩 3층(출판기획 R&D 센터)
     | 10881 경기도 파주시 문발로 112 파주 출판 문화도시(제작 및 물류)
전화 | 02) 3142-0036
     | 031) 950-6300
팩스 | 031) 955-0510
등록 | 1973. 2. 1. 제406-2005-000046호
출판사 홈페이지 | **www.cyber.co.kr**
ISBN | 978-89-315-7090-8 (03100)
정가 | **16,000원**

**이 책을 만든 사람들**
책임 | 최옥현
진행 | 최창동
교정 · 교열 | 상:想 company
본문 · 표지 디자인 | 상:想 company
홍보 | 김계향, 유미나, 서세원
국제부 | 이선민, 조혜란, 권수경
마케팅 | 구본철, 차정욱, 나진호, 이동후, 강호묵
마케팅 지원 | 장상범, 박지연
제작 | 김유석

■ 도서 A/S 안내

성안당에서 발행하는 모든 도서는 저자와 출판사, 그리고 독자가 함께 만들어 나갑니다.
좋은 책을 펴내기 위해 많은 노력을 기울이고 있습니다. 혹시라도 내용상의 오류나 오탈자 등이
발견되면 **"좋은 책은 나라의 보배"**로서 우리 모두가 함께 만들어 간다는 마음으로 연락주시기
바랍니다. 수정 보완하여 더 나은 책이 되도록 최선을 다하겠습니다.
성안당은 늘 독자 여러분들의 소중한 의견을 기다리고 있습니다. 좋은 의견을 보내주시는 분께는
성안당 쇼핑몰의 포인트(3,000포인트)를 적립해 드립니다.

잘못 만들어진 책이나 부록 등이 파손된 경우에는 교환해 드립니다.